죽을만큼 겸손하라

죽을만큼 겸손하라

저자 앤드류 머레이
역자 임종원

초판 1쇄 발행 2016. 3. 16.
개정증보판 1쇄 발행 2024. 6. 12.

발행처 도서출판 브니엘
발행인 권혁선

책임교정 조은경
책임영업 기태훈
책임편집 브니엘 디자인실

등록번호 서울 제2006-50호
등록일자 2006. 9. 11.

서울특별시 송파구 백제고분로28길 25 B101호 (05590)
마케팅부 02)421-3436
편집부 02)421-3487
팩시밀리 02)421-3438

ISBN 979-11-93092-22-4 03230

독자의견 02)421-3487
이메일 editorkhs@empal.com

북카페 주소 cafe.naver.com/penielpub.cafe
인스타그램 @peniel_books

도서출판 브니엘은 독자들의 원고를 설레는 마음으로 기다리고 있습니다.
위의 이메일로 간단한 기획 내용 및 원고, 연락처 등을 보내주십시오.

도서출판 브니엘은 갓구운 빵처럼 항상 신선한 책만을 고집합니다.

「 은혜의 완전한 통로이자 예수님을 닮아가게 하는 축복의 삶 」

죽을만큼 겸손하라

앤드류 머레이 지음 | 임종원 옮김

브니엘

우리에게 겸손으로 나아가도록 촉구하는 커다란 세 가지 동기가 있다. 겸손은 피조물로서, 죄인으로서, 그리고 성도로서 참다운 내가 되도록 한다. 첫째, 우리는 천상의 존재들 안에서, 타락한 인간 안에서, 인자이신 예수님 안에서 겸손의 동기를 찾는다. 둘째, 우리의 타락한 상태를 통해 우리에게 호소함으로써 올바른 피조물의 위치로 돌아갈 수 있는 유일한 길을 가르쳐준다. 셋째, 우리에게 은혜의 신비가 있다는 것이 겸손의 동기가 된다. 우리가 구속적인 사랑의 거대함에 압도당함으로써 우리 자신을 잃어버릴 때 겸손은 우리에게 영원한 축복과 경배를 완성하도록 해준다는 사실을 그 은혜의 신비가 가르쳐준다.

일반적으로 전달되는 신앙적인 가르침에서는 오직 두 번째 영역만을 너무 지나칠 정도로 강조했기에 어떤 사람들은 심지어 이렇게 극단적으로 말하기도 한다. 그러니까 우리가 정말로 겸손을 유지하려고 한다면 우리는 계속해서 죄를 지을 수밖에 없다고 말이다. 다른 사람들은 다시금 자신을 정죄할 힘이야말로 바로 겸손의 비밀이라고 생각해왔다. 그리하여 그리스도인의 삶은 상실의 고통을 겪어왔는데, 거기에서 성도들은 다음과 같은 사실을 올바로 바라보도록 인도받지 못했다.

곧 피조물로서 우리의 관계에서조차 오직 하나님만이 전부가 될 수 있도록 우리 자신은 아무것도 아닌 존재가 되는 것보다 더 자연스럽고 아름답고 복된 것은 아무것도 없다는 사실 말이다. 또한 거기에서 우리를 오롯이 낮추고 겸손하게 하는 것은 죄가 아니라 은혜라는 사실과 창조주와 구속자이신 하나님으로서 그분의 놀라운 영광으로 들어가 전적으로 자신을 내려놓고 죄를 극복하도록 인도를 받아야 한다는 사실 말이다. 그렇게 함으로써 우리는 하나님 앞에서 정말로 가장 낮은 자리를 차지하게 하는 것은 바로 그 영혼이라는 사실을 깨닫게 된다.

이처럼 여러 가지 사실을 묵상하는 가운데 다양한 이유로 나는 우리를 참된 피조물로 변하게 하는 겸손에 거의 전적으로 관심이 이끌리게 되었다. 그것은 단지 겸손과 죄 사이의 연관성에 대해서는 이미 온갖 신앙적인 가르침에서 아주 충분할 정도로 상세히 설명되고 있다. 그뿐만 아니라 그리스도인의 삶에 부어지는 충만함을 위해서는 다른 영역에 대해서도 그와 같은 관심이 필요하다고 믿고 있다.

만약 예수님이 그분의 낮아짐을 통해 우리의 본보기가 되어야 한다면, 우리는 그분의 본이 기초하고 있는 여러 가지 원리를 이해해야 하며, 그 원리 안에서 예수님과 함께 서 있을 수 있는 공통적인 토대를 찾아내고, 그 원리 안에서 예수님과 우리의 유사성을 발견할 수 있어야 한다. 만약 우리가 하나님 앞에서뿐만 아니라 사람들을 향해서도 정말로 겸손해져야 한다면 우리는 죄로 말미암은 수치의 흔적뿐만 아니라 모든 죄와 동떨어져, 바로 그 천국과 예수님의 아름다움과 축복을 덧입고 있는 모습까지도 분명히 바라보아야 한다.

예수님이 종의 형상을 취함으로써 영광을 발견하셨던 것과 마찬가지로 "너희 중에 누구든지 으뜸이 되고자 하는 자는 너희의 종이 되어야 하리라"(마 20:27, 막 10:44)고 말씀하셨을 때 그분은 단순히 모든 사람의 종과 조력자가 되는 것보다 더 거룩하고 신성한 일은 아무것도 없다는 복된 진리를 우리에게 가르치셨다는 점을 깨달을 수 있을 것이다. 그분의 위치를 제대로 인식한 신실한 종은 주인이나 손님들의 여러 가지 필요를 채우는 데서 참된 기쁨을 발견한다. 그리하여 겸손은 단지 회개보다 무한정 더 깊은 차원의 일임을 깨달아 예수님의 삶에 동참하게 될 때 비로소 우리는 겸손이야말로 우리의 참된 고결함임을 깨닫게 될 것이다. 또한 모든 사람의 종이 됨으로써 겸손을 증명해 보이는 것이야말로 하나님의 형상으로 창조된 인간으로서 우리의 목적과 운명을 가장 높은 차원에서 성취하는 법을 배우게 될 것이다.

나 자신의 신앙적인 경험을 되돌아보거나 온 세상에 흩어져 있는 그리스도의 교회를 두루 살펴볼 때 나는 예수님의 제자도를 구분하는 특징으로써 교회들이 얼마나 겸손을 추구하지 않고 있는지를 생각하면 놀라움을 금치 못한다. 말씀을 전하면서 살아가는 가운데, 가정생활과 사회생활에서 날마다 왕래하는 가운데, 다른 그리스도인들과 좀 더 특별한 교제시간을 갖는 가운데, 그리스도를 위한 일의 방향성을 잡고 그것을 실행하는 가운데 슬프게도 겸손을 아주 중요한 미덕으로, 예수님과 참된 교제를 나눌 수 있는 유일한 조건으로 여기지 않는다는 증거가 곳곳에 널려 있다. 사람들이 저마다 더욱 커다란 겸손으로 이끌어주는 고백을 토해내지 않고서도 더 높은 차원의 거룩함을 추구한다는 사실은 겸손이 예수님을 따르는 사람들에게 알려져야 할 가장 중요한 표지임을 스스로 보여주는 방증이다.

글쓴이 앤드류 머레이

C·O·N·T·E·N·T·S
차 례

프롤로그 _ 겸손은 예수님을 따르는 표지다   004

01. 겸손은 은혜를 뿌리내리게 하는 유일한 토양이다   013

02. 겸손은 그리스도의 구속의 비밀을 푸는 열쇠이다   025

03. 예수님은 자신을 내려놓음으로 겸손을 보이셨다   037

04. 겸손은 예수님의 지상 최고의 가르침이다   049

05. 제자들의 삶을 통해 겸손에 대한 교훈을 배워라   063

06. 참된 겸손은 일상생활을 통해 드러난다   077

07. 겸손은 거룩함을 나타내는 최고의 표지이다   091

08. 죄에 대한 인식이 우리를 겸손하게 만든다   103

09. 믿음은 존재하는 가장 큰 겸손의 본질이다   117

10. 자아에 대한 죽음은 겸손의 완전한 열매이다   129

11. 겸손은 우리를 행복한 삶으로 인도한다   143

12. 겸손은 결국 우리 자신을 영화롭게 만든다   157

▶ 특별수록 : 하나님의 약속 해석에 관한 원리와   184
　　　　　성화에 대한 약속

01

겸손은
은혜를 뿌리내리게 하는
유일한 토양이다

Humility, The Glory of the Creature

이십사 장로들이 보좌에 앉으신 이 앞에 엎드려 세세토록 살아 계시는 이에게 경배하고 자기의 관을 보좌 앞에 드리며 이르되 우리 주 하나님이여 영광과 존귀와 권능을 받으시는 것이 합당하오니 주께서 만물을 지으신지라. 만물이 주의 뜻대로 있었고 또 지으심을 받았나이다 하더라. 요한계시록 4:10-11.

하나님께서 우주를 창조하실 때 거기에는 피조물이 하나님의 온전하심과 축복하심에 동참하게 만들어 그 안에서 하나님의 사랑과 지혜와 능력의 영광이 나타나게 하려는 한 가지 목적이 있었다. 하나님은 창조된 존재들 안에서, 그리고 이 창조된 존재들을 통해 각자가 받아들일 수 있는 범위 안에서 그분의 선하심과 영광을 최대한 소통하심으로써 그분 자신을 계시하고 싶어 하셨다. 그러나 이와 같은 소통은 본질에서 거기에 어떤 책임과 의무가 따르는 특정한 삶이나 선량함을 소유할 수 있게 하는 무엇인가를 피조물에 제공하는 것이 아니었다. 전혀 그런 것이 아니었다.

그러나 하나님은 영원토록 살아계시고 늘 존재하시며, 항상 활동하시는 분이며, 그분의 능력을 담고 있는 말씀으로 만물을 지탱하고 계시는 분이며, 그분 안에 만물이 존재하는 분이시다. 그렇기에 하나님과 피조물의 관계는 끊임없이, 절대적으로, 우주적으로 서로 의존할 수밖에 없었다. 그분의 능력으로 하나님이 만물을 단번에 창조하셨던 것만큼이나 진실하게, 그와 같은 능력으로 하나님이 모든 순간을 지탱해야만 하는 것도 역시 마찬가지로 진실하다.

피조물은 자기 존재의 기원과 첫 출발을 되돌아보아야 할 뿐만 아니라 그 모든 것이 하나님의 은혜라는 사실을 인정해야 한다. 그리하여 지금과 영원무궁토록 그 자신의 가장 중대한 관심사, 그 자신의 가장 높은 차원의 미덕, 그 자신의 유일한 행복이 자기 자신을 빈 그릇으로 내어드림으로써 하나님이 그 안에 머무시면서 그분의 능력과 선하심을 분명히 드러낼 수 있도록 해야 한다.

하나님이 우리에게 허락하시는 삶은 단번에 모든 것을 나누어주는 것이 아니라 매 순간 지속해서 그분의 전능하신 능력을 끊임없이 실행하시는 것으로 이루어진다. 하나님을 전적으로 의존하는 자리인 겸손은 만물의 본질로부터 비롯되는 것이며, 피조물의 첫 번째 의무이자 가장 높은 차원의 미덕인 동시에 모든 미덕의 근본이다. 그러므로 지나치게 교만하거나 이와 같은 겸손을 잃어버리는 것은 온갖 죄와 악의 뿌리이다.

현재 타락한 천사들이 불순종에 이끌려 천국의 광명으로부터 바깥 어두운 곳으로 내던짐을 당한 것은 바로 자아도취에 빠져 오직 자기 자신만을 바라보기 시작했을 때였다. 인류 최초의 부모인 아담과 하와도 아주 높은 자리에서 지금 우리 인간이 빠져 있는 비참한 상황으로 떨어진 것도 역시 그와 마찬가지로 뱀이 두 사람의 마음속에 하나님처럼 되고 싶다는 욕망이라는 교만의 독을 불어넣었을 때였다. 천국에서든 이 땅에서든 간에 교만과 자기를 높이는 것은 지옥문으로 들어가는 지름길이며, 지옥 자체를 탄생시키는 지름길이며, 지옥의 저주를 받는 지름길이다.

그런즉 다른 어떤 것도 우리를 구속할 수 없으며 오직 잃어버린 겸손의 회복, 곧 창조주 하나님과 피조물 사이에 원래부터 존재하던 유일한 참된 관계를 회복함으로써 우리의 구속이 가능하다는 사실은 매우 당연한 결과이다. 그러므로 예수님도 역시 이 세상에 겸손을 회복하여 우리가 그와 같은 겸손에 동참하도록 하고, 그로 말미암아 우리를 구원하기 위해 이 땅으로 찾아오셨다.

예수님은 천국으로부터 자신을 겸손히 낮추어서 인간이 되셨다. 우리가 그분 안에서 바라보는 겸손은 천국에서 그분을 사로잡고 있었다. 바로 그 겸손이 그분을 거기에서부터 여기로 데려왔으며 그분은 거기에서부터 여기로 겸손을 데려왔다. 여기 이 세상에서 "그리스도께서는 자기를 낮추시고 죽기까지 순종하셨으니 곧 십자가에 죽기까지 하셨다"(빌 2:8, 새번역 참고). 예수님의 겸손은 심지어 그분의 죽음에 대해서도 고귀한 가치를 부여하였으며, 그리하여 그분은 이 죽음을 통해 우리의 구속이 되셨다.

그리고 이제 예수님이 우리에게 나누어주시는 구원은 하나님에 대한 그분의 관계와 그분의 구속 사역을 위한 토대와 뿌리로서 그분 자신의 생명과 죽음, 그분 자신의 기질과 정신, 그분 자신의 겸손을 우리에게 마음껏 소통하시는 것이나 다름없다. 예수님은 기꺼이 그 자리를 받아들이셨으며 완전한 겸손의 삶을 통해 피조물로서 인간의 운명과 목적을 완전히 성취하셨다. 그분의 겸손은 곧 우리의 구원이다. 그분의 구원은 바로 우리의 겸손이다.

그러므로 구원받은 사람들의 삶, 곧 성도들의 삶은 죄로부터 구원받았다는 이와 같은 흔적, 그리고 각 사람의 원래 상태를 완전히 회복했다는 특징을 반드시 간직하고 있어야만 한다. 다시 말해 곳곳에 두루 퍼져 있는 겸손을 특징으로 삼는 인간과 하나님 사이의 전반적인 관계를 완전히 회복해야 한다. 이와 같은 것들이 없다면 하나님의 임재 안에 진정으로 머무르는 것은 있을 수 없는 일이며, 또한 하나님의 은혜에 대한 참된 경험이나 성령의 능력을 제대로 경험하기도 쉽지 않은 일이다. 이런 것들이 없다면 아무런 영속적인 믿음, 사랑, 기쁨, 또는 능력도 있을 수 없을 것이다.

겸손은 은혜를 뿌리내리게 하는 유일한 토양이다. 겸손의 결핍은 온갖 단점과 실패를 충분히 설명해준다. 겸손은 여러 다른 것과 나란히 어깨를 견줄 만한 그런 은혜나 미덕이 아니다. 겸손은 모든 것의 뿌리이다. 왜냐하면 오직 겸손만이 하나님 앞에서 올바른 태도를 보여 그분이 하나님으로서 모든 일을 행하도록 허락하기 때문이다.

하나님은 우리를 너무나 이성적인 존재로 만들어놓으셨기 때문에 어떤 명령의 참된 성격이나 절대적인 필요성을 더욱 진실하게 통찰할수록 우리는 훨씬 더 쉽고 철저히 그 명령에 순종할 수 있게 될 것이다. 순종에 대한 부르심은 지금까지 너무나 적게 고려됐다. 왜냐하면 겸손의 참된 성격과 중요성을 거의 이해하지 못했기 때문이다. 겸손은 우리가 억지로 하나님께로 가져가거나 하나님이 무작정 우리에게 심어주시는 어떤 것이 아니다. 겸손은 단지 자신이 전혀 아무것도 아닌 존재라고 느끼는 의식일 뿐이며 우리가 얼마나 진실하게 하나님이 전부인지를 깨달을 때 찾아온다. 그로 말미암아 우리는 하나님이 전부가 되도록 모든 길을 열어드리게 된다.

이것이야말로 가장 진실한 고결함임을 깨닫고, 하나님의 뜻, 하나님의 생각, 하나님의 사랑과 함께 머물러 있겠다고 동의할 때, 그러니까 하나님의 생명과 영광이 일하시도록 그 자신을 분명히 드러내는 모양, 곧 그릇이 되겠다고 내맡길 때 그 피조물은 겸손이야말로 단지 피조물로서 자기 자신의 위치에 관한 진리를 제대로 인정하는 것일 뿐만 아니라 하나님께 자기 자신의 자리를 올바로 내어드리는 것임을 깨닫게 된다.

진지한 그리스도인들의 삶 속에서, 거룩함을 추구하며 고백하는 사람들의 삶 속에서 겸손이야말로 그 사람들의 고결함을 드러내는 가장 중대한 특징이 되어야 한다. 그런데 흔히 그렇지 않다고들 말한다. 그리스도의 가르침과 본보기에서 겸손은 한 번도 가장 중요한 자리에 끼어본 적이 없었다고 오해하고 있다는 사실이 과연 그 한 가지 이유가 될 수 있을까?

그리고 다시금 그 이유는 겸손을 위해서는 죄를 짓는 동기만큼이나 강한 동기가 자리 잡고 있다는 사실이다. 곧 천사들을 그토록 겸손하게 만들고, 예수님을 그토록 겸손하게 만들었으며, 하늘에 있는 가장 거룩한 성도들을 그토록 거룩하게 하는, 훨씬 더 폭넓고 강력한 영향력 가운데 하나가 자리 잡고 있다는 사실을 무시하는 것이다. 또한 피조물의 관계를 나타내는 가장 우선적이고 중대한 특징과 그 피조물이 자신의 축복을 누리는 비결은 하나님이 마음껏 전부가 될 수 있도록 내어드리는 겸손과 비움의 상태라는 사실을 온통 무시하고 있기 때문이다.

이에 관해 자신들의 경험이 나 자신의 경험과 아주 흡사하다고 고백할 만한 수많은 그리스도인이 있을 것으로 확신한다. 그렇게 우리는 제자들이 스승인 예수 그리스도께 보여주었던 것처럼 마음의 온유함과 낮아짐이 제자들을 구별 짓는 특징이라는 사실을 깨닫지 못한 채로 오랫동안 주님을 알아왔다. 더구나 이 겸손은 저절로 자연스럽게 찾아오는 것이 아니라 특별한 소망과 기도와 믿음과 훈련의 대상이 되어야 한다는 것이다.

우리는 앞으로 계속해서 겸손이라는 말을 훈련하면서 이 점에 관해 예수님이 제자들에게 주신 가르침들이 얼마나 명확하고 자주 되풀이되었는지를, 그리고 제자들이 예수님을 이해하는 과정에서 얼마나 느리게 그것을 받아들였는지를 깨닫게 될 것이다.

우리는 여러 가지 훈련을 시작하는 바로 이 시점에서 교만만큼 인간에게 아주 자연스럽게 다가오는 것은 아무것도 없고, 우리가 보기에 교만만큼 그토록 교활하면서도 교묘히 숨겨져 있는 것은 아무것도 없으며, 교만만큼 그토록 다루기 어렵고 위험한 것은 아무것도 없다는 점을 솔직히 인정해야 한다. 오직 아주 결단력 있고 끈기 있게 하나님과 그리스도를 기다리는 것만이 겸손의 은혜에서 우리가 얼마나 부족한 존재인지, 그리고 우리가 구하는 것을 얻기에 얼마나 무력한 존재인지를 발견하게 만든다는 사실을 절실히 느껴야 한다.

우리의 영혼이 예수님의 낮아짐에 따른 사랑과 찬양으로 가득 채워질 때까지 우리는 예수님의 성품을 충분히 훈련해야 한다. 그리고 자신의 교만함을 절감하면서 우리 스스로 그 교만을 버릴 수 없다는 사실로 말미암아 마음이 무너질 때 예수 그리스도께서 우리 안에 그분의 놀라운 생명의 일부로서 이 은혜도 함께 나누어주기 위해 친히 우리를 찾아오실 것이라는 사실을 담대히 믿어야 한다.

그리스도께서는 자기를 낮추시고 죽기까지

순종하셨으니 곧 십자가에 죽기까지 하셨다.

_ 빌리보서 2:8, 새번역

02

겸손은
그리스도의 구속의 비밀을
푸는 열쇠이다

Humility, The Secret of Redemption

너희 안에 이 마음을 품으라. 곧 그리스도 예수의 마음이니 그는 근본 하나님의 본체시나 하나님과 동등됨을 취할 것으로 여기지 아니하시고 오히려 자기를 비워 종의 형체를 가지사 사람들과 같이 되셨고 사람의 모양으로 나타나사 자기를 낮추시고 죽기까지 복종하셨으니 곧 십자가에 죽으심이라. 이러므로 하나님이 그를 지극히 높여 모든 이름 위에 뛰어난 이름을 주사. 빌립보서 2:5-9.

어떤 나무도 온갖 자양분을 빨아들이는 뿌리 없이는 자라날 수가 없다. 나무는 자신의 모든 존재를 통해, 그 자체를 존재하게 만든 씨앗 안에 자리 잡은 온갖 생명력을 활용하여 살아갈 수 있게 된다. 첫째 아담과 둘째 아담에게 모두 이 원리를 적용하면서 이와 같은 진리에 대해 온전히 이해하는 것은 그리스도 안에 있는 구속의 필요성과 본질을 훨씬 더 잘 이해하도록 우리를 도와준다.

첫째, 그리스도의 구속의 필요성은 이것이다. 자신의 교만 때문에 하늘에서 쫓겨난 사탄으로서 전반적으로 교만한 성격을 지닌 옛 뱀은 에덴동산에서 하와의 귀에다 유혹하는 말들을 속삭였으며 이러한 말들에는 엄청난 지옥의 독이 포함되어 있었다. 그래서 하와가 뱀의 말에 솔깃하여 하나님처럼 되어 선악을 알 수 있다는 가능성에 자신의 욕망과 의지를 굴복시켰을 때 그 지옥의 독이 하와의 영혼과 피와 생명 안으로 들어와 그토록 복된 겸손과 하나님을 의존하는 마음을 영원히 파괴시켰다. 그와 같은 성품은 우리에게 영원한 행복을 안겨다 주었을 텐데도 말이다.

그러나 영원한 행복 대신에 하와 자신의 삶을 비롯한 하와에게서 탄생한 모든 인류의 삶은 온갖 죄악과 저주 가운데 가장 끔찍한 모습으로, 사탄 자신의 교만으로 가득한 독으로 다가와 그 뿌리까지 온통 타락하게 만들었다. 온갖 일상적인 불행과 더불어 이 세상에서 일상적인 풍경으로 자리 잡은 온갖 비참한 상황들, 민족들 사이의 각종 전쟁과 유혈 사태들, 온갖 이기심과 고난들, 갖은 야망과 질투심들, 갖가지 깨어진 마음과 쓰라린 상처들로 가득한 삶의 모습은 우리 자신

의 것이든 다른 사람들의 것이든 간에 이처럼 저주받은 흉악한 교만
이 우리에게 가져다주는 악한 영향력에 각각 기원을 두고 있다.

우리에게 구속이 필요하게 하는 것이 바로 교만이다. 다른 모든
것을 뛰어넘어 우리에게 구속이 필요한 영역이 바로 우리의 교만이
다. 그리고 구속의 필요성에 관한 우리의 통찰은 주로 우리의 존재 안
으로 들어와 있는 세력의 끔찍한 본질에 관한 올바른 지식에 의존할
것이다.

어떤 나무도 자양분을 빨아들이는 뿌리 없이는 자라날 수 없다.
사탄이 지옥에서 가져와 인간 삶에 초래하는 악한 권세는 온 세상에
두루 강력한 힘을 발휘하면서 날마다, 시간마다 우리 가운데 역사한
다. 인간은 그로 말미암아 고통당하며 그 권세를 두려워하기도 하고
적극적으로 맞서 싸우기도 하며 거기에서 도망치기도 한다. 그러나
어디에서부터 그러한 권세가 비롯되는지, 왜 그런 권세에 그토록 무
시무시한 지배권이 있는지를 제대로 파악하지 못하고 있다.

사람들이 그와 같은 권세를 어디에서, 어떻게 이겨내야 하는지를
제대로 알지 못하는 것도 전혀 이상한 일은 아니다. 교만에는 그 뿌리
와 힘이 있어서 우리 안팎에서 무시무시할 정도로 대단한 권세를 휘
두른다. 우리는 자기 자신의 교만을 고백하고 안타까워해야 한다. 그
뿐만 아니라 교만의 사탄적인 기원에 관해서도 훤히 잘 알고 있어야

한다. 만약 이와 같은 지식이 교만을 정복하거나 물리치는 일에서 완전한 절망으로 인도한다고 할지라도 그 지식은 단지 우리의 구원을 발견할 수 있는 초자연적인 권능으로, 곧 하나님의 어린양의 구속으로 그만큼 더 빨리 우리를 인도해줄 수 있을 것이다.

우리 안에 견고하게 자리 잡은 자아와 교만의 역사에 맞서 싸우는 무기력한 싸움은 사실상 그 뒤에 철저히 숨어 있는 어둠의 권세를 생각할 때 훨씬 더 무기력해질 수도 있다. 철저한 절망은 우리가 우리 자신 바깥에 있는 권세와 생명을 깨닫고 받아들이는 일을 훨씬 더 잘할 수 있게 만들 것이다. 심지어 그와 같은 절망은 천국의 겸손이 사탄과 그로 말미암은 교만을 물리치기 위해 하나님의 어린양을 통해 이 땅에 더욱 가까이 내려오게 할 것이다.

둘째, 그리스도의 구속의 본질은 이것이다. 어떤 나무도 온갖 자양분을 빨아들이는 뿌리 없이는 자라날 수 없다. 비록 우리가 자기 자신 안에 있는 죄악의 권세를 제대로 파악하기 위해 첫 번째 아담과 그 아담의 타락에 관해 정확히 살펴보아야 할 필요는 있지만 우리는 교만만큼이나 생생하고 영속적이고 압도적으로 겸손의 생명력을 우리 안에 제공하시는 둘째 아담과 그분의 능력을 훨씬 더 잘 알고 있어야 한다.

우리는 아담으로부터, 그리고 아담 안에서보다는 진정으로, 훨씬 더 진정으로 그리스도로부터, 그리고 그리스도 안에서 우리의 생명을 찾아야 한다. 우리는 그리스도 안에 뿌리를 내리기 위해, 온몸이 하나님의 장성한 분량까지 자라게 하시는 머리 되신 그리스도를 단단히 붙잡기 위해 그분과 동행해야 한다. 성육신을 통해 인간 본성 안으로 들어오신 하나님의 생명은 바로 우리를 든든히 서 있게 하는 동시에 잘 자라나게 하는 근본이다.

그 생명은 인간 본성을 다루셨던 것과 같은 전능하신 능력이다. 그러므로 우리 안에서 날마다 일하시는 부활을 향해 전진하고 있다. 지금 우리에게 필요한 일은 현재 우리가 소유하고 있는 생명으로서 그리스도 안에서 꾸준히 계시되어 온 그와 같은 생명을 연구하고 알아내고 신뢰하는 것이며, 우리의 전 존재를 소유하고 거기에 정통하기까지 충분한 동의를 얻어낼 수 있도록 넉넉히 기다리는 것이다.

이와 같은 관점에서 그리스도께서는 어떤 분이신지, 무엇이 정말로 그분을 그리스도가 되게 하는지, 특히 무엇을 그분의 가장 주요한 특징으로 여길 수 있는지, 그리고 무엇이 우리를 구속하시는 분으로서 그분의 모든 성품의 뿌리와 본질로 여겨질 수 있는지를 우리는 올바른 생각을 품고 있어야 한다. 이것은 우리에게 감히 상상할 수조차 없을 정도로 중요한 문제이다.

거기에는 단 한 가지 대답밖에 없다. 그것은 바로 그리스도의 겸손이다. 그분이 보여주신 천상의 겸손, 자기 자신을 비우셔서 인간이 되신 행위가 없었다면 과연 성육신이 무엇이란 말인가? 겸손이 없었다면 이 세상에서 그분의 생애는 도대체 무엇이란 말인가? "그리스도께서는 사람의 모양으로 나타나셔서 자기를 낮추시고 죽기까지 순종하셨으니 곧 십자가에 죽기까지 하셨다." 그리고 보좌에까지 올라가 영광으로 면류관을 쓰시게 된 겸손이 없었다면 그분의 승천과 영광이 과연 무엇이란 말인가? "그러므로 하나님은 예수님을 지극히 높이시고 모든 이름 위에 뛰어난 이름을 예수님에게 주셨다."

이 세상에 태어나면서부터, 지상에서 살아가는 동안, 십자가상에서 죽는 순간에도, 그리고 하늘 보좌에 앉아계시면서도, 예수님이 하나님 아버지와 함께 계셨던 천국에서도 역시 자기를 겸허히 낮추는 것이 전부였으며, 그건 단지 겸손에 지나지 않는다. 그리스도께서는 인간의 본성 안에 체현(體現)된 하나님의 겸손이고, 그리스도께서는 그 자신을 겸손히 낮추시는 영원한 사랑이며, 온유함과 다정함의 옷으로 자신을 옷 입히셔서 우리를 얻고 섬기며 구원하시는 영원한 사랑이시다. 하나님의 응축된 사랑이 그리스도를 모든 사람의 보호자이자 조력자로 만드는 것처럼 예수님께 필요한 것은 성육신에 따른 겸손이었다. 그리고 예수님은 지금도 여전히 온유하고 겸손한 어린양으로서 보좌 한가운데 앉아계신다.

만약 이것이 그 나무의 뿌리에 자리 잡고 있다면 그 나무의 본질은 모든 가지와 이파리와 열매에 두루 나타나야만 한다. 만약 겸손이 예수님의 생명을 가장 우선적이고 전적으로 포괄하는 은혜라면, 겸손이 그리스도의 속죄를 위한 비밀이라면 우리 영성생활의 건강과 힘도 역시 전적으로 이와 같은 은혜를 가장 우선시하는 우리의 태도에 달려 있을 것이다. 우리가 그분 안에서 탄복하는 가장 중대한 일로서, 우리가 그분에게 요청하는 가장 중대한 일로서, 우리가 이를 위해 다른 모든 것을 희생하는 한 가지 일로서 얼마나 겸손한 태도를 나타내느냐에 달려 있을 것이다.

그리스도의 생명이라는 바로 그 뿌리가 너무나 쉽게 무시되고 널리 알려지지 않고 있을 때 그리스도인의 생명력이 너무나 자주 허약하고 아무런 열매를 맺지 못하게 된다는 사실이 뭐가 그리도 놀랍단 말인가! 그리스도께서 발견하고 우리에게 가져다주신 구원의 기쁨이 너무나 적게 추구될 때 그 기쁨이 너무나 적게 느껴진다는 사실이 뭐가 그리도 놀랍단 말인가!

겸손이 자아의 종말과 죽음이나 다름없다는 것을 의지할 때까지, 오직 하나님에게서 오는 영광을 구하기 위해 예수님이 그러셨던 것처럼 모든 인간의 영광을 포기할 때까지, 하나님이 전부가 될 수 있도록, 오직 주님만이 높임을 받을 수 있도록 완전히 그 자신을 아무것도 아닌 존재로 만들어 자기 자신을 그렇게 간주할 때까지, 그리고 그러한 겸손으로 말미암아 우리가 그리스도 안에서 추구하는 것을 가장 커다란 즐거움으로 삼을 때까지, 어떤 희생을 치르더라도 그런 것들을 환영할 때까지 세상을 정복할 만한 신앙에 대한 소망이란 거의 있을 수 없게 된다.

만약 각 사람이 아직도 자기 내면이나 주변을 향해 자신의 겸손함이 얼마나 부족한지 스스로 특별한 관심을 돌리지 않는다면 각 사람이 그리스도의 이름으로 부르심을 받은 백성들 사이에서 온유하고 겸손한 하나님의 어린양의 정신을 얼마나 이해하고 있는지 대놓고 추궁할 수 없는 노릇이다. 그러므로 우리에게 다른 사람들을 향한 사랑이 얼마나 부족한지, 각종 다른 사람들의 필요, 감정, 연약함에 얼마나 무관심한지를 각자 곰곰이 생각해 보아야 한다. 얼마나 자주 날카롭고 성급한 판단과 언행을 일삼는지, 솔직하고 정직해지라는 요청에 대해 얼마나 자주 변명을 늘어놓는지, 온갖 성질과 과민함과 짜증을 얼마나 많이 표출하는지, 깊이 쓴 마음과 소외감을 얼마나 느끼는지, 그 모든 것은 오직 자기 자신만을 추구하는 교만에 뿌리를 두고 있을 뿐이라는 사실을 스스로 곰곰이 깨달아야 한다.

그러면 각 사람의 눈은 거의 모든 곳에서, 심지어 성도들의 모임에서도 어둡고 사탄적인 교만(난 이렇게밖에 말할 수 없다)이 살금살금 기어들어 오는지를 충분히 살펴볼 수 있는 영적 눈이 열리게 될 것이다. 그리고 그 자신 안에서, 그 주변에서, 그 동료 성도들과 세상을 향해, 우리가 정말로 예수님의 겸손을 통해 영원토록 인도받기만 한다면 그 결과가 어떻게 변할 것인지 스스로 깨닫게 될 것이다.

각자가 그리스의 형상을 닮아가는 삶을 통해, 그리고 그리스도의 구속으로 드러나는 전 인격을 통해 계시되었던 겸손함의 부족에 대해 정직하게 자신의 마음을 고정하기 바란다. 그러면 각 사람은 마치 아직도 그리스도가 어떤 분이신지, 그분의 구원이 무엇인지에 관해 실제로 아무것도 모르는 것처럼 느끼기 시작할 것이다.

그러므로 성도들이여, 예수님의 겸손을 공부하라! 이것이 바로 구속의 비밀이자 우리에게 숨겨진 뿌리이다. 날마다 그 바닷속으로 훨씬 더 깊이 들어가라. 그러면 그분의 거룩한 겸손이 당신을 향해 무슨 일을 행하셨을 때 하나님이 당신에게 허락하셨던 바로 이 그리스도께서는 당신 안에서도 역시 머물러 계시며 일하기 위해 들어오실 것이다. 하나님 아버지께서 당신에게 원하시는 것처럼 당신을 만들어 가신다는 사실을 온 마음으로 믿기 바란다.

03

예수님은
자신을 내려놓음으로
겸손을 보이셨다

Humility, In the Life of Jesus

너희는 그렇지 않을지니 너희 중에 큰 자는 젊은 자와 같고 다스리는
자는 섬기는 자와 같을지니라. 누가복음 22:26.

요한복음에서 우리는 우리를 향해 활짝 열려 있는 주님의 내적인
생명을 발견하게 된다. 예수님은 자주 하나님 아버지와 그분의 관계,
그분을 이끌어주는 여러 가지 동기, 그분이 행하시는 능력과 그에 관
한 정신을 일깨우는 그분의 자각에 관해 자주 언급하셨다. 비록 '겸
손'이라는 말 자체는 등장하지 않지만 우리는 성경 어디에서도 그분
의 겸손을 이루는 게 무엇인지를 그토록 명확하게 찾아볼 수 있는 곳
은 없을 것이다. 사실상 우리는 이 은혜가 단지 하나님이 전부가 되도

록 자신을 내어드리는 피조물의 전적인 동의에 지나지 않는다는 점을 이미 앞에서 언급했다. 피조물이 오직 하나님의 일하심에만 자신을 완전히 내어드림으로써 말이다.

우리는 예수님 안에서 하늘에 계신 하나님의 아들로서, 그리고 이 땅에 계신 사람으로서 어떻게 그리스도께서 완전한 순종의 자리로 나아가셨는지, 어떻게 하나님이 예수님께 합당한 영예와 영광을 허락하셨는지를 바라보게 될 것이다. 그러므로 우리 주 예수님이 너무나 자주 가르치셨던 진리는 그분 자신에게도 역시 진실해지게 되었다. 곧 "무릇 자기를 높이는 자는 낮아지고 자기를 낮추는 자는 높아지리라"(눅 14:11). 기록된 대로 "예수님께서 자기를 낮추셨으므로 하나님께서는 그를 지극히 높이셨다"(빌 2:6-11 참고).

그렇기에 우리는 예수님이 하나님 아버지와 자신의 관계에 관해 언급하신 말씀을 주의 깊게 경청하고, 얼마나 자주 예수님이 자기 자신에 대해 "아니다"(not)라고, "아무것도 아니다"(nothing)라고 말씀하셨는지 살펴보아야 한다. 사도 바울이 그리스도와 자신의 관계를 설명하면서 사용한 "나는 아니다"라는 표현은 그리스도께서 하나님 아버지와 자기 자신의 관계에 관해 언급하신 바로 그 정신을 담고 있다.

"아들이 아버지께서 하시는 일을 보지 않고는 아무것도 스스로 할 수 없나니 아버지께서 행하시는 그것을 아들도 그와 같이 행하느니라"(요 5:19).

"내가 아무것도 스스로 할 수 없노라. 듣는 대로 심판하노니 나는 나의 뜻대로 하려 하지 않고 나를 보내신 이의 뜻대로 하려 하므로 내 심판은 의로우니라"(요 5:30).

"나는 사람에게서 영광을 취하지 아니하노라"(요 5:41).

"예수께서 대답하여 이르시되 내 교훈은 내 것이 아니요. 나를 보내신 이의 것이니라"(요 7:16).

"너희가 나를 알고 내가 어디서 온 것도 알거니와 내가 스스로 온 것이 아니니라. 나를 보내신 이는 참되시니 너희는 그를 알지 못하나"(요 7:28).

"너희가 인자를 든 후에 내가 그인 줄을 알고 또 내가 스스로 아무것도 하지 아니하고 오직 아버지께서 가르치신 대로 이런 것을 말하는 줄도 알리라"(요 8:28).

"하나님이 너희 아버지였으면 너희가 나를 사랑하였으리니 이는 내가 하나님께로부터 나와서 왔음이라. 나는 스스로 온 것이 아니요. 아버지께서 나를 보내신 것이니라"(요 8:42).

"나는 내 영광을 구하지 아니하나 구하고 판단하시는 이가 계시니라"(요 8:50).

"내가 아버지 안에 거하고 아버지는 내 안에 계신 것을 네가 믿지 아니하느냐. 내가 너희에게 이르는 말은 스스로 하는 것이 아니라 아버지께서 내 안에 계셔서 그의 일을 하시는 것이라"(요 14:10).

"나를 사랑하지 아니하는 자는 내 말을 지키지 아니하나니 너희가 듣는 말은 내 말이 아니요. 나를 보내신 아버지의 말씀이니라"(요 14:24).

이러한 말씀들은 그리스도의 삶과 사역에 관해 가장 깊은 뿌리를 깨닫도록 우리의 눈을 활짝 열어준다. 그 말씀들은 전능하신 하나님이 그리스도를 통해 그분의 강력한 구속사역을 어떻게 펼쳐나갈 수 있었는지를 우리에게 말해준다. 그 말씀들은 그리스도께서 하나님의 아들로서 품어야 하는 마음가짐을 어떻게 생각했는지를 우리에게 잘 보여준다. 그 말씀들은 어떻게 그와 같은 본질적인 성격과 삶이 그리스도께서 성취하셨을 뿐만 아니라 지금 우리에게 소통하시는 구속과 관련 있는지를 우리에게 온전히 가르쳐준다.

그 비밀은 바로 이것이다. 곧 하나님께서 전부가 될 수 있도록 예수님은 스스로 아무것도 아닌 존재가 되는 것이었다. 예수님은 하나님 아버지께서 충분히 자신 안에서 일하실 수 있도록 자신의 의지와 능력을 완전히 내려놓으셨다. 예수님 자신의 능력, 자신의 의지, 그리고 자신의 영광에 관해, 모든 사역과 가르침을 비롯한 예수님의 모든 사명에 대해, 그 모든 것에 대해 "그건 내가 아니다. 나는 아무것도 아니다. 나는 하나님 아버지께서 일하시도록 나 자신을 그냥 내어드리는 것뿐이다. 나는 아무것도 아니며 아버지께서 전부이시다"라고 명확히 말씀하셨다.

이와 같은 철저한 자기희생의 삶, 하나님 아버지의 뜻에 대한 절대적인 순복과 의존의 삶을 통해 예수님은 완전한 평화와 기쁨의 삶을 발견할 수 있게 되셨다. 예수님은 모든 것을 하나님께 내어드림으로써 아무것도 잃지 않으셨다. 하나님은 이와 같은 예수님의 전적인 신뢰를 영화롭게 하셨고, 예수님을 위해 모든 것을 행하셨으며, 그런 다음에는 영광 가운데 자신의 오른편으로 예수님을 들어 올리셨다.

그러므로 예수님이 이처럼 하나님 앞에서 자기 자신을 낮추셨기 때문에, 그리고 하나님이 예수님 앞에 영원토록 머물러 계셨기 때문에 예수님은 사람들 앞에서도 역시 자기 자신을 낮추고 모든 사람의 종이 되는 것이 가능하다는 사실을 발견하셨다. 예수님의 겸손은 간단히 하나님께 자기 자신을 항복시키는 것이었으며, 주변 사람들이 자신에 대해 뭐라고 말하든지, 또한 자신에게 무슨 짓을 하든지 간에 하나님이 기뻐하시는 대로 그분 안에서 마음껏 행하시도록 자신을 내어드리는 것이었다.

　　그리스도의 구속이 효력과 미덕을 발휘할 수 있는 것은 이와 같은 마음 상태, 이와 같은 정신과 생각 속에서다. 우리에게 예수님께 동참하는 사람이 되도록 하는 것은 바로 이와 같은 생각으로 우리를 이끌어오는 과정을 통해서다. 이것이 바로 예수님이 우리를 부르고 계신 진정한 자기 부인이며 우리의 자아 안에는 아무것도 선한 게 없다고 인정하는 모습이다.

　　오직 하나님이 가득 채워야 할 빈 그릇으로 자기 자신을 내어드리는 경우를 제외하고는 말이다. 그리고 오직 무엇인가가 되거나 무엇을 하라는 끊임없는 요청이 단 한순간도 허락되지 않는 경우를 제외하고는 말이다. 다른 무엇보다 먼저 예수님을 닮아가는 삶을 구성하는 것, 하나님이 전부가 될 수 있도록 우리 자신은 아무것도 아닌 존재가 되고 스스로는 아무런 일도 하지 않게 되는 것은 바로 이와 같은 생각 안에서다.

바로 여기에 참된 겸손의 뿌리와 본질이 자리 잡고 있다. 우리의 겸손이 너무나 피상적이며 너무나 나약한 것은 바로 이것이 제대로 이해되거나 추구되지 않고 있기 때문이다. 우리는 예수님에 관해 어떻게 그분이 마음을 온유하고 겸손하게 낮추시는지를 배워야 한다. 예수님은 어디에서 참된 겸손이 생겨나고 힘을 얻게 되는지를 우리에게 가르치신다.

만물 가운데 일하시는 분은 하나님이시며 우리의 위치는 완전한 포기와 의존을 통해 하나님께 자신을 내어드리는 것이라는 의식 안에서 아무것도 아닌 존재가 된다. 스스로는 아무런 일도 하지 않겠다고 전적으로 동의하는 가운데서 말이다. 이것이야말로 예수님이 계시하고 나누어주기 위해 찾아오신 바로 그 삶이며 죄와 자아에 대한 죽음을 통해 찾아오는 하나님께 자신을 온전히 내어드리는 그런 완전한 삶이다.

만약 우리가 이것이 우리에게 지나칠 정도로 고상하며 우리의 능력을 넘어서는 삶이라고 느낀다면 그것은 단지 하나님 안에서 그와 같은 삶을 추구하도록 우리를 더욱 강하게 촉구하는 자극에 지나지 않는다. 우리 안에서 이와 같은 온유하고 겸손한 삶을 살도록 하실 분은 내주하시는 그리스도이시다.

만약 우리가 이것을 갈망한다면 한편으로 우리 자신에게 다른 무엇보다, 하나님이 만물 가운데서 일하실 때마다 하나님의 본성에 관한 지식을 아는 거룩한 비밀을 추구해야 한다. 모든 자연과 모든 피조물, 그리고 다른 무엇보다 모든 하나님의 자녀가 증거하는 비밀, 살아 계신 하나님이 그분의 지혜와 능력과 선하심의 부요함을 마음껏 드러내실 수 있는 그릇이자 통로에 지나지 않는다는 비밀에 관한 지식을 아는 거룩한 지혜를 추구해야 한다.

모든 미덕과 은혜의 뿌리, 모든 믿음과 받으실 만한 예배의 뿌리는 단지 우리가 그분으로부터 받는 것만을 진정으로 소유하게 된다는 사실을 알고서 그것을 위해 하나님께 기꺼이 의지할 정도로 가장 낮은 겸손함으로 무릎 꿇고 머리를 숙이는 것이어야 한다. 예수님이 하나님과 마찬가지로 사람들과 함께 교제하면서도 역시 겸손하셨던 것은 이와 같은 겸손이 단지 일시적인 감상뿐만 아니라 그분의 온 생애를 사로잡고 있던 정신이었기 때문이다. 예수님이 하나님을 생각할 때마다 그와 같은 겸손은 각성되고 실행되었다. 우리 주 예수 그리스도께서는 자기 자신을 하나님이 만드시고 사랑하셨던 사람들을 위한 하나님의 종이라고 생각하셨다.

자연스러운 결과 가운데 하나로써 예수님은 자기 자신을 사람들의 종으로 여기셔서 자기 자신을 통해 하나님이 그분의 사랑을 담은 사역을 얼마든지 펼칠 수 있으리라고 생각하셨다. 예수님은 결코 단 한순간도 자신의 영광을 추구하지 않으셨다. 예수님은 자신을 드러내기 위해 자신의 능력을 절대 사용하지 않으셨다. 예수님은 항상 하나님이 일하시도록 내어드리는 삶을 지향하고 계셨다.

그런데 우리의 일상적인 신앙생활에서 겸손이 끔찍할 정도로 부족한 현상은 커다란 부담과 슬픔이 되고 있다. 그러므로 우리 안에 첫 번째이자 가장 중요한 그리스도의 흔적을 안전하게 확보할 방법은 우리가 예수님의 겸손을 그분의 구속에 내재된 바로 그 본질로써, 하나님 아들의 삶에 내재된 바로 그 축복으로써, 하나님 아버지에 대한 유일한 참된 관계로써 예수님이 우리에게 반드시 허락하셔야 하는 성품으로 진지하게 받아들이고 공부할 때라야 비로소 가능하다.

형제여, 그대는 겸손으로 옷 입고 있는가? 그대의 일상생활에 관해 물어보라. 예수님께 물어보라. 그대의 친구들에게 물어보라. 세상에 물어보라. 그리고 지금까지 당신이 거의 알지 못했던 하늘의 겸손을 예수님 안에서 그대에게 활짝 열어놓으신 하나님을 찬양하기 시작하라. 그로 말미암아 그대가 아직 단 한 번도 맛보지 못한 하늘의 축복이 그대에게 찾아올 것이다.

04

겸손은
예수님의 지상 최고의
가르침이다

Humility, In the Teaching of Jesus

나는 마음이 온유하고 겸손하니 나의 멍에를 메고 내게 배우라. 그리하면 너희 마음이 쉼을 얻으리니. 마태복음 11:29.

너희 중에 누구든지 크고자 하는 자는 너희를 섬기는 자가 되고 너희 중에 누구든지 으뜸이 되고자 하는 자는 너희의 종이 되어야 하리라. 마태복음 20:26-27.

예수님이 자신의 마음을 우리에게 활짝 열어젖히셨으므로 우리는 지금까지 그분의 삶에서 꾸준히 겸손을 목격해왔다. 거기에서 우리는 예수님이 겸손에 관해 어떻게 말씀하시는지, 얼마나 간절히 사람들, 특히 자신의 제자들이 그분과 마찬가지로 겸손해지도록 기대하시는

지를 짐작할 수 있을 것이다.

얼마나 자주, 그리고 얼마나 간절히 예수님이 겸손을 가르치셨는지에 관해 우리가 도전받기 위해 나로서는 그냥 성경 본문을 인용하는 것 이외에 더 좋은 방법을 찾을 수가 없다. 그러므로 다음과 같은 단락들을 주의 깊게 묵상해보기 바란다. 그것은 예수님이 우리에게 무엇을 요구하시는지 깨닫는 데 도움을 줄 것이다.

● 예수님이 사역을 시작하시는 모습을 한 번 살펴보라. 산상수훈의 서두인 팔복에서 예수님은 이렇게 말씀하셨다.

"심령이 가난한 자는 복이 있나니 천국이 그들의 것임이요. 애통하는 자는 복이 있나니 그들이 위로를 받을 것임이요. 온유한 자는 복이 있나니 그들이 땅을 기업으로 받을 것임이요"(마 5:3-5).

예수님이 천국에 관해 선포하시는 첫 번째 말씀은 오직 그 문을 통해서만 천국으로 들어갈 수 있는 활짝 열린 문을 계시하신다는 것이다. 스스로 아무것도 소유하지 않은 가난한 사람들에게 천국이 찾아온다. 스스로 아무것도 추구하지 않은 온유한 사람들이 땅을 기업으로 받을 것이다. 천국과 이 땅의 축복은 자신을 낮추는 겸손한 사람들을 위한 것이다. 천국과 이 땅에서 살아가는 삶을 위해 다른 무엇보다 겸손은 가장 커다란 축복의 비밀이다.

● 예수님은 자기 자신을 선생님으로 소개하셨다. 예수님은 우리가 선생님인 그분 안에서 배우게 될 정신이 무엇인지, 그리고 우리가 그분으로부터 배우고 받을 수 있는 정신이 무엇인지 우리에게 말씀하고 계신다.

"나는 마음이 온유하고 겸손하니 나의 멍에를 메고 내게 배우라. 그리하면 너희 마음이 쉼을 얻으리니"(마 11:29).

온유함과 거룩함은 예수님이 우리에게 허락하시는 성품 가운데 하나이다. 그 안에서 우리는 완전한 영혼의 안식을 누리게 된다. 겸손이 바로 구원받은 우리의 삶에 자리 잡게 될 것이다.

● 제자들은 천국에서 누가 가장 큰 자인지를 둘러싸고 서로 싸우다가 예수님께 물어보기로 마음을 모았다. 예수님은 제자들 가운데 서 있는 어린아이 하나를 데려다가 자기 곁에 세우시고 이렇게 말씀하셨다.

"너희가 돌이켜 어린아이들과 같이 되지 아니하면 결단코 천국에 들어가지 못하리라. 그러므로 누구든지 이 어린아이와 같이 자기를 낮추는 사람이 천국에서 큰 자니라"(마 18:3-4).

누가 천국에서 가장 큰 자인가? 이 질문은 사실상 매우 중요한 물음이다. 무엇이 하늘나라를 특징짓는 중요한 구분이 될까? 그 대답은 예수님 이외에는 어느 사람도 쉽게 내놓을 수 없었을 것이다. 천국의 가장 중요한 영광, 진정한 천국의 정신, 가장 중대한 은혜는 바로 겸손이다. "너희 모든 사람 중에 가장 작은 그가 큰 자니라"(눅 9:48).

● 세베대의 아들들은 천국에서 가장 높은 자리인 예수님의 우편과 좌편에 앉을 수 있는지를 예수님께 물었다. 예수님은 나름대로 준비된 사람들에게 그와 같은 자리를 허락하는 것은 자신의 권한이 아니라 하나님 아버지의 권한이라고 말씀하셨다. 사람들이 먼저 그 자리를 바라보거나 요구해서는 안 된다. 오히려 사람들의 생각은 굴욕의 잔과 세례에 머물러 있어야 한다. 그래서 이때 예수님은 이렇게 덧붙이셨다.

"너희 중에는 그렇지 않아야 하나니 너희 중에 누구든지 크고자 하는 자는 너희를 섬기는 자가 되고 너희 중에 누구든지 으뜸이 되고자 하는 자는 너희의 종이 되어야 하리라. 인자가 온 것은 섬김을 받으려 함이 아니라 도리어 섬기려 하고 자기 목숨을 많은 사람의 대속물로 주려 함이니라"(마 20:26-28).

그것이 하늘로 올라가신 그리스도의 표징이었던 것과 마찬가지로 겸손은 천국에서 받을 영광의 기준 가운데 하나가 될 것이다. 곧 가장 낮은 자가 하나님과 가장 가까이에 머물게 될 것이다. 교회 안에서 가장 높은 자리는 가장 겸손한 자에게 약속되어 있다.

● 예수님은 무리와 제자들에게 이방인의 집권자들처럼 가장 높은 자리를 좋아하는 태도에 관해 말씀하시면서 다시 한번 이렇게 말씀하셨다.

"너희 중에 누구든지 크고자 하는 자는 너희를 섬기는 자가 되고"
(마 20:26, 막 10:43).

가장 낮은 자리로 나아가는 굴욕은 하나님 나라에서 영광으로 올라가기 위한 유일한 사다리이다.

● 또 다른 경우에 한 바리새인의 집에서 우리 주 예수님은 손님들이 저마다 높은 자리를 차지하려는 것을 보시고 초대받은 손님의 비유를 말씀하시면서(눅 14:1-11) 이렇게 덧붙이셨다.

"무릇 자기를 높이는 자는 낮아지고 자기를 낮추는 자는 높아지리라"(눅 14:11).

이와 같은 요구는 매우 엄중한 것으로 전혀 다른 방법을 찾아낼수 없다. 오직 자신을 낮추는 사람들이야말로 궁극적으로 높임을 받게 될 것이다.

● 바리새인과 세리의 비유 이후에 예수님은 다시 한번 이렇게 말씀하셨다.

"무릇 자기를 높이는 자는 낮아지고 자기를 낮추는 자는 높아지리라"(눅 18:14).

하나님의 성전과 임재와 예배에서 하나님과 사람들을 향한 깊고참된 겸손으로 말미암아 충만해지지 않은 모든 것이 무익하다.

● 제자들의 발을 씻기신 후에 예수님은 이렇게 말씀하셨다.

"내가 주와 또는 선생이 되어 너희 발을 씻었으니 너희도 서로 발을 씻어 주는 것이 옳으니라"(요 13:14).

권위 있는 명령과 모범을 통해, 순종이나 순응에 관한 모든 생각을 통해 겸손은 제자도의 가장 첫 번째이자 가장 본질적인 요소로 자리 잡게 된다.

● 최후의 만찬 식탁에서조차도 제자들은 여전히 누가 으뜸이 되어야 하는지를 둘러싸고 논쟁을 벌이고 있었다. 그러자 예수님은 이렇게 꾸짖으셨다.

"너희 중에 큰 자는 젊은 자와 같고 다스리는 자는 섬기는 자와 같을지니라"(눅 22:26).

예수님이 걸어가신 길, 우리를 위해 열어주신 길, 우리의 구원을 위해 동원하셨던 권능과 정신, 결국 그로 말미암아 우리를 구원하는 능력은 언제나 나 자신을 다른 모든 사람의 종으로 내주는 겸손이다.

얼마나 적게 겸손이 선포되고 있는가! 얼마나 적게 겸손이 실천되고 있는가! 나는 지금 얼마나 적은 사람들이 겸손에 도달하는지를 말하고 있는 것이 아니다. 자신의 겸손을 통해 스스로 인식할 수 있을 정도로 충분히 예수님과 닮은 겸손을 드러내고 있는지를 말하는 것도 아니다. 그러나 얼마나 적은 사람들이 지속적인 소망이나 명확한 기도의 목적으로 겸손을 삼으려고 하는지 의아할 뿐이다! 얼마나 적게 세상이 겸손을 목격해왔단 말인가! 심지어 교회의 핵심 그룹 안에서도 얼마나 적게 겸손이 목격됐던가!

"너희 가운데서 으뜸이 되고자 하는 사람은 너희의 종이 되어야 한다." 하나님은 예수님이 진심으로 이렇게 말씀하신다는 사실을 굳건히 믿으라고 우리에게 이런 말씀을 주시지 않았겠는가! 우리는 모두 충성된 종이나 노예에게는 어떤 성품이 그 안에 온전히 자리 잡고 있는지를 잘 알고 있다. 그것은 다름 아닌 주인의 관심사에 대한 헌신이다. 그 종들은 주인을 기쁘게 하려고 세심한 연구와 관심을 기울이고 주인의 번영과 영예와 행복을 더불어 즐거워한다.

지금까지 이 세상에는 이와 같은 성향을 보여준 종이 많았다. 하지만 그 사람들에게 종이란 명칭은 결코 영광스러운 것만은 아니다. 우리 가운데 얼마나 많은 사람이 하나님의 종으로서, 노예로서 우리 자신을 내어드릴 수 있다는 것이, 그리고 그분을 섬기는 일이 우리에게 가장 높은 차원의 자유, 죄와 자아에서 벗어나는 자유임을 깨닫고 그 기쁨을 누리고 있단 말인가!

그러므로 우리는 지금 또 다른 교훈을 배울 필요가 있다. 곧 예수님이 서로의 종이 되라고 우리를 부르고 계신다는 사실 말이다. 그리고 온 마음을 다해 우리가 그 부르심을 받아들일 때 이와 같은 섬김은 또한 가장 복된 섬김이 될 것이며 죄와 자아에서 벗어나는 새롭고 충만한 자유가 될 것이라는 사실 말이다.

처음에는 이것이 매우 어려워 보일 수도 있다. 그것은 자기 자신을 여전히 무슨 대단한 존재로 여기는 교만 때문이다. 하지만 일단 우리가 하나님 앞에서 아무것도 아닌 존재로 자기 자신을 내어드리는 것이 피조물의 영광이고 예수님의 정신이며 천국의 기쁨임을 발견하게 된다면, 우리는 심지어 자신을 시험에 들게 하거나 성가시게 구는 사람들을 섬기면서 받는 훈련도 전심으로 환영하게 될 것이다.

우리의 마음이 여기에, 곧 참된 성화에 고정될 때 우리는 새로운 열정을 가지고 자기비하에 관한 예수님의 말씀을 묵상하게 될 것이고, 어떤 자리도 너무 낮아 보이지 않을 것이며, 어떤 굴욕도 수치스러워 보이지 않을 것이며, 어떤 섬김도 너무 보잘것없거나 너무 오래 지속된다고 생각하지 않을 것이다. 만약 우리가 "그러나 나는 섬기는 자로 너희 중에 있노라"(눅 22:27)고 말씀하시는 예수님과 함께 교제를 나누면서 그와 같은 섬김에 따라 삶을 살아간다면 말이다.

형제들이여, 여기에 더 지고한 삶으로 나아가는 길이 있다. 아래로, 더 아래로 내려가라! 이것이 바로 하늘나라에서 으뜸이 되는 길, 곧 예수님의 좌우편에 앉게 된다는 꿈에 부풀어 있었던 제자들에게 항상 예수님이 하셨던 말씀이다. 높아지기 위해 몸부림치지 말고 구하지도 말라. 그건 하나님의 일이다. 오직 당신은 자기 자신을 낮추고 겸허해지기를 훈련하라. 그리고 하나님이나 사람들 앞에서 어떤 높은 자리를 차지하는 것이 아니라 오히려 종의 자리를 차지하도록 하라. 그것이 바로 당신의 일이다. 당신의 유일한 기도의 목적이 되게 하라.

하나님은 신실하시다. 마치 물은 언제나 가장 낮은 자리를 찾아서 가득 채우는 것과 마찬가지로 하나님은 피조물이 자신을 낮추고 비우는 모습을 발견하는 순간 그분의 영광과 능력이 가득 흘러들어 한껏 높임과 축복을 받게 하신다. 우리의 유일한 관심사가 되어야 하는, 자기 자신을 겸손히 낮추는 데 초점을 맞추는 사람은 결국 높임을 받을 것이다. 그것이 바로 하나님의 관심사이기 때문이다. 하나님은 그분의 강한 능력과 위대한 사랑으로 자신을 겸손히 낮추는 사람을 높여 주시기 때문이다.

때때로 사람들은 마치 겸손과 온유함이 우리에게서 고상하고 담대하고 사람다운 모습을 모조리 **빼앗아갈** 것처럼 이야기한다. 하지만 자기 자신을 겸손히 낮추는 것, 모든 사람의 종이 되는 것, 이것은 천국을 다스리시는 왕께서 보여주시는 왕의 정신이자 하나님을 닮은 정신이라는 것을 굳게 믿기 바란다. 이것이 바로 우리 안에 항상 머물러 계신 예수님의 임재이자 우리 위에 존재하는 하나님의 능력으로 말미암은 기쁨과 영광으로 나아가는 지름길이다.

온유하고 겸손하신 예수님은 하나님에게로 나아가는 길을 자신에게 배우라고 우리를 부르신다. '내 유일한 필요는 겸손'이라는 생각으로 우리의 마음을 가득 채울 때까지 우리가 지금까지 해온 훈련을 계속하자. 그리고 예수님이 보여주고 허락해주시는 것을 철저히 믿자. 예수님은 우리에게 그분 자신을 나누어주신다. 온유하고 겸손하신 분으로서 예수님은 그것을 열망하는 마음으로 우리를 찾아오셔서 우리 안에 머물러 계실 것이다.

05

제자들의 삶을 통해 겸손에 대한 교훈을 배워라

Humility, In the Disciples of Jesus

05

S·E·C·T·I·O·N·05

Humility, In the Disciples of Jesus

너희 중에 큰 자는 젊은 자와 같고 다스리는 자는 섬기는 자와 같을지
니라. 누가복음 22:26.

지금까지 우리는 예수님의 인성과 가르침을 통해 겸손을 공부해
왔다. 이제는 예수님이 택하신 제자들에게서 나타나는 겸손을 한 번
찾아보자. 만약 우리가 제자들에게서 나타나는 겸손의 부족으로 말미
암아 예수님과 사람들 사이에 나타나는 겸손의 차이를 확연히 깨닫는
다면 그것은 오순절이 제자들에게 가져온 변화가 얼마나 강력한 것이
었는지를 올바로 인식할 수 있을 것이다. 그리고 사탄이 사람들에게
불어넣은 교만에 대해 우리가 얼마나 실질적으로 예수님의 완벽한 승

리에 동참할 수 있는지를 담담히 증명하도록 우리를 도와줄 것이다.

예수님의 가르침을 인용한 본문들을 통해 우리는 이미 제자들이 겸손의 은혜에서 얼마나 부족한 모습을 보였는지를 살펴보았다. 한번은 제자들이 누가 가장 큰 자리를 차지해야 하는지에 관한 논쟁을 벌이면서 서로 다투고 있었다. 또 어떤 때에는 세베대의 아들들이 어머니와 함께 예수님을 찾아와 가장 첫 번째 자리, 곧 예수님 좌우편에 앉을 수 있는 자리를 요구하기도 했다. 그리고 최후의 만찬을 나누는 자리에서도 다시금 누구를 가장 큰 사람으로 여겨야 할지에 관해 논쟁이 벌어지기도 했다.

그렇다고 사실상 제자들이 우리 주님 앞에서 자신들을 겸손히 낮춘 순간이 전혀 없었다는 이야기가 아니다. 베드로가 "주여 나를 떠나소서. 나는 죄인이로소이다"(눅 5:8)라고 고백했을 때 베드로에게는 나름대로 겸손한 모습이 있었다. 제자들이 풍랑을 잠잠하게 만드신 주님 앞에 엎드려 주님을 경배했을 때 그런 제자들에게도 역시 나름대로 겸손한 자세가 있었다. 그러나 이처럼 이따금 우발적으로 겸손을 표현하는 것은 이렇게라도 습관적인 방식으로 자신들의 마음을 드러냄으로써 단지 강한 위안거리로 삼으려고 했을 뿐이다. 다른 때에 자신들을 높이는 자리와 권력을 추구하는 자연스러운 모습을 보여주는 데서 우리는 이 점을 간파할 수 있다. 이와 같은 온갖 모습에 내포된 의미를 주의 깊게 연구하는 것은 우리에게 가장 중요한 여러 가지 교훈을 가르쳐준다.

첫째, 슬프게도 겸손이 여전히 그토록 부족한 상황에서 과연 얼마나 많은 진지하고도 적극적인 신앙이 있을 수 있는지에 관한 교훈이다. 제자들 안에서 겸손을 찾아보라. 제자들 안에는 예수님을 향한 강렬한 애정이 있었다. 제자들은 예수님을 위해 모든 것을 버렸었다. 하나님 아버지께서는 제자들에게 예수님이 하나님의 그리스도이심을 계시해주셨다. 제자들은 예수님을 믿었고 예수님을 사랑했으며 예수님의 계명에 순종했다. 다른 사람들은 모두 집으로 돌아갔을 때도 제자들은 예수님 곁에 굳게 붙어 있었다. 제자들은 예수님과 함께 죽겠다고 단단히 벼르고 있었다. 그러나 이러한 온갖 모습보다 훨씬 더 깊은 곳에는 제자들도 거의 의식하지 못했던 모습과 꺼림칙함이라는 어두운 권세가 자리 잡고 있었다. 그 권세는 죽임을 당하고 추방되어야 했으며 그래야 제자들은 구원에 대한 예수님의 권능을 증거하는 참된 증인이 될 수 있었다.

그것은 지금도 여전히 마찬가지다. 우리가 때때로 스승과 목회자들, 복음 전도자와 사역자들, 선교사와 교사들을 찾아갈 수도 있을 것이다. 그 사람들에게 성령의 은사가 많이 나타나고 그로 말미암아 수

많은 사람에게 축복의 통로가 될 수 있다면 말이다. 그러나 시험을 받는 시기가 닥쳐오거나 좀 더 친밀한 교제를 통해 그 사람들에 대해 훨씬 더 알게 될 경우 영속적인 성품으로써 겸손의 은혜를 그 사람들에게서 찾아보기란 어렵다.

이런 식으로 모든 사람은 겸손이야말로 가장 중요하고도 가장 높은 차원의 은혜 가운데 하나라는 교훈을 확인해주는 경향이 있다. 곧 겸손은 가장 도달하기 어려운 미덕 가운데 하나이며 우리에게 가장 우선되고 중대한 노력을 기울여야 하는 성품 가운데 하나이다. 겸손은 성령 충만함을 통해 우리 안에 내주하시는 예수님께 동참하도록 하며 예수님이 우리 안에 살아계실 때라야 비로소 능력 있는 모습으로 나타나는 덕목이다.

둘째, 온갖 외적인 가르침과 모든 개인적인 노력이 교만을 정복하거나 온유하고 겸손한 마음을 갖도록 하기에 얼마나 역부족한가에 관한 교훈이다. 3년 동안 제자들은 예수님의 제자훈련학교에서 가르침을 받았다. 예수님은 제자들에게 무엇이 가장 가르치고 싶었던 교훈인지를 분명히 말씀해주셨다.

"나는 마음이 온유하고 겸손하니 나의 멍에를 메고 내게 배우라.

그리하면 너희 마음이 쉼을 얻으리니"(마 11:29).

예수님은 거듭 되풀이하여 제자들에게, 바리새인들에게, 무리에게 하나님의 영광에 이르는 유일한 길로써 겸손에 대해 말씀하셨다.

예수님은 거룩한 겸손을 보이는 하나님의 어린양으로서 제자들과 더불어 살았을 뿐만 아니라 그분의 삶에 관한 가장 내밀한 비밀을 제자들에게 여러 번 털어놓으셨다.

"인자가 온 것은 섬김을 받으려 함이 아니라 도리어 섬기려 하고 자기 목숨을 많은 사람의 대속물로 주려 함이니라"(마 20:28).

"그러나 나는 섬기는 자로 너희 중에 있노라"(눅 22:27).

예수님은 제자들의 발을 씻어주시면서 제자들에게 자신의 본보기를 따르라고 말씀하셨다.

그러나 이 모든 것은 그다지 쓸모가 없었다. 최후의 만찬 자리에서도 여전히 제자들 사이에서는 누가 크냐에 관해 다툼이 계속되었다. 제자들은 분명히 예수님의 교훈을 배우려고 애썼으며 다시는 예수님을 슬프게 하지 않아야겠다고 굳게 결심하였지만 그와 같은 노력은 모두 번번이 허사로 돌아가고 말았다.

제자들과 우리에게 절실히 필요한 교훈을 가르치시는 것은 어떤 겉으로 드러나는 지시나 혹은 심지어 예수님 자신으로도 절대 쉽지 않은 일이었다. 아무리 설득력 있는 논증이나 아무리 심오한 겸손의 아름다움에 관한 감각이나 아무리 진실하고 간절한 개인적인 결단이나 노력으로도 교만이라는 사탄을 쉽게 쫓아낼 수는 없었다. 사탄이 사탄을 쫓아내면 그로 말미암아 오히려 훨씬 더 꼭꼭 숨어 있는 더욱 견고한 진을 더욱 새롭게 만들 뿐이다.

이럴 때 다음과 같은 방법 외에는 아무것도 쓸모가 없어진다. 오직 거룩한 겸손 안에서 새로운 본성이 옛 본성의 자리를 대신할 수 있도록, 늘 그런 것처럼 그 본성이 바로 우리의 본질로서 진실하게 자리 잡을 수 있도록 권능 가운데 계시되는 방법뿐이다.

셋째, 우리가 진정으로 겸손해지는 것은 오직 그분의 거룩한 겸손 안에서 예수 그리스도의 내주하심을 통해서뿐이라는 교훈이다. 우리는 또 다른 존재, 곧 아담으로부터 물려받은 교만을 소유하게 된다. 그러나 이제 우리는 또 다른 존재, 곧 우리 주 예수 그리스도로부터 겸손을 전수받아야 한다. 교만은 우리 자신이며 우리의 본질이기에 교만이 우리의 소유로 자리 잡게 되고 아주 무시무시할 정도의 권세로 우리 안에서 다스리고 있다.

그와 마찬가지로 겸손이 우리의 소유가 되어야 한다. 겸손도 역시 우리 자신, 우리의 본성이 되어야 한다. 교만이 자연스럽고 손쉽게 우리 안에 자리 잡게 된 것처럼 겸손도 그렇게 되어야 하며 그렇게 될 것이다. 심지어 성경은 우리의 마음에 관해서도 이렇게 약속한다. "그러나 죄가 더한 곳에 은혜가 더욱 넘쳤나니"(롬 5:20). 제자들에 대한 예수님의 모든 가르침과 제자들의 부질없는 노력은 예수님이 거룩한 능력 가운데 제자들 안으로 들어갈 수 있도록 도와주었던 필요한 준비과정이었다.

예수님은 십자가 위에서 돌아가심으로 사탄의 권세를 멸하셨으며 죄를 물리치셨으며 영원한 구속을 이루어내셨다. 예수님은 자신의 부활을 통해 하나님으로부터 전혀 새로운 삶, 하나님의 권능 가운데 살아가는 사람의 삶을 전수하셨다. 그 삶은 다른 사람들에게도 전수될 수 있는 것이었으며 그분의 신성한 능력을 통해 우리의 삶으로 들어와 새로워지고 충만해지는 것이었다.

예수님은 자신의 승천을 통해 하나님의 성령을 받으셨으며, 이 세상에 계시는 동안 스스로 할 수 없었던 일들에 관해서는 성령을 통해 할 수 있으셨으며, 바로 성령으로 말미암아 사랑하는 사람들과 자신을 하나 되게 할 수 있으셨다. 사실상 그 사람들이 그분 자신의 삶을 살 수 있도록 해서 그분과 마찬가지로 겸손한 자세로 하나님 앞에서 살아갈 수 있게 하셨다. 왜냐하면 그 사람들 안에 살아계셨으며 생명을 불어넣었던 것은 바로 그분 자신이었기 때문이다.

그리고 오순절에 예수님이 성령으로 다시 찾아오셔서 그 사람들을 소유하셨다. 그분의 가르침을 통해 이루어진 일에 대한 준비와 확신, 그 일에 대한 갈망과 소망의 깨달음은 오순절에 일어난 강력한 변화를 통해 제자들에게 더욱 완전해지게 되었다. 그리하여 베드로와 요한, 야곱의 삶과 서신에는 예수님의 가르침으로 말미암아 모든 것이 돌변했다는 사실과 예수님이 제자들에 대해 가졌던 온유함과 고난의 정신을 증거하는 증언이 고스란히 담기게 되었다.

이러한 것들에 대해 우리는 무엇이라고 말할 것인가? 이 책을 읽는 독자들은 여러 부류의 사람들로 구성되어 있을 것이다. 이 문제에 관해 지금까지 아주 특별하게 생각해 본 적이 거의 없기에 그것이 교회와 모든 교인에게 사활이 걸린 문제만큼이나 굉장히 중요하다는 사실을 곧바로 깨닫지 못하는 일부 사람들도 있을 수 있다. 자신의 부족함 때문에 죄책감을 느껴온 다른 사람들도 있을 것이다. 이 사람들은 매우 진지하게 온갖 노력을 기울였지만 결국에는 실패하고 낙담할 수밖에 없었던 경우이다.

또 다른 사람들은 영적인 축복과 능력에 대해 유쾌한 간증을 늘어놓을 수도 있지만 주변 사람들에게 여전히 부족해 보인다고 여겨지는 것들에 대해 꼭 필요한 확신을 가져본 적이 한 번도 없었을 수도 있다. 그리고 여전히 다른 사람들은 이와 같은 은혜와 관련하여 우리 주님이 구원과 승리를 허락해주셨다고 담대하게 증언할 수도 있을 것이다. 그러나 한편으로 주님은 여전히 그 사람들에게 예수님의 충만한 분량에 이르기까지 얼마나 더 많은 것이 필요하며 어떻게 그것들을 기대해야 하는지를 계속해서 자세히 가르쳐주셨다.

우리가 어느 부류에 속하든지 간에 나는 겸손이 예수님을 믿는 신앙 안에서 차지해야 할 독특한 자리에 대한 더 깊은 확신을 모든 사람이 절박하게 추구해야 할 필요가 있다고 역설하고 싶다. 예수님의 겸손이 그분의 가장 중요한 영광, 그분의 가장 큰 계명, 그분의 가장 고상한 축복이라고 인식되지 않는 한 예수님이 요구하시는 것들을 실현할 가능성이 교회나 성도들에게는 거의 없다는 점을 역설하고 싶다.

이와 같은 은혜가 아직도 끔찍할 정도로 부족한 상황에서 제자들이 얼마나 멀리까지 나아갈 수 있었는지를 한 번 심사숙고해 보기 바란다. 다른 은사들은 우리를 만족시킬 수 없을지도 모른다는 사실을, 이와 같은 은혜의 부재야말로 하나님의 능력을 덧입고서도 전능하신 역사를 이룰 수 없는 이유라는 사실을 우리가 결코 이해하지 못하고 있다는 점에 관해 하나님께 기도하자. 바로 그 자리야말로 예수님과 마찬가지로 우리가 혼자서는 아무것도 할 수 없으며, 오직 하나님만이 모든 것을 할 수 있다는 사실을 진정으로 알고 보여주는 곳이다.

교회가 아름다운 옷을 입고, 겸손이 교회를 구성하는 지체와 사역자들에게 거룩한 아름다움으로 다가서는 때는 오직 우리 안에 내주하시는 예수님에 관한 진리가 성도들의 경험에서 요구되는 적절한 자리를 차지할 경우이다.

인자가 온 것은 섬김을 받으려 함이 아니라 도리어 섬기려 하고 자기 목숨을 많은 사람의 대속물로 주려 함이니라.

_ 마태복음 20:28, 마가복음 10:45

06

참된 겸손은
일상생활을 통해
드러난다

Humility, In Daily Life

누구든지 하나님을 사랑하노라 하고 그 형제를 미워하면 이는 거짓말 하는 자니 보는 바 그 형제를 사랑하지 아니하는 자는 보지 못하는 바 하나님을 사랑할 수 없느니라. 요한일서 4:20.

하나님에 대한 우리의 사랑이 다른 사람들과 함께 나누는 일상적 인 친교와 그로 말미암아 나타나는 사랑으로 측량될 수 있다고 생각 하는 것은 위험천만한 일이다. 그 사랑에 관한 진리가 사람들과 살아 가는 일상생활의 시험에 직면해서 어떤 식으로든 증명되는 때를 제외 하고 하나님에 대한 우리의 사랑이 환상에 지나지 않으리라고 생각하 는 것 또한 위험천만한 생각이다.

그것은 심지어 우리의 겸손에 관한 경우도 마찬가지다. 우리가 하나님 앞에서 자신을 겸손히 낮춘다고 생각하기란 아주 쉽다. 그러나 사람들을 향한 겸손이야말로 하나님 앞에서 우리의 겸손이 진실한지를 보여주는 유일한 증거일 것이다. 그와 같은 겸손이야말로 우리 안에 견고한 자리를 차지하여 우리의 본성으로 바뀌어 있는지 아닌지, 예수님처럼 우리가 실제로 자기 자신에 대해 아무런 명성을 구하지 않게 되었는지 아닌지를 보여주는 유일하고도 충분한 증거일 것이다.

하나님의 임재 안에서 마음을 겸손히 낮추는 것이 하나님을 생각하면서 그분께 기도할 때만 잠깐 취하는 어떤 자세가 아니라 우리 삶의 기본적인 정신으로 자리 잡게 될 때 그 겸손은 형제자매들을 향한 우리의 모든 태도에서 분명하게 모습을 드러내게 될 것이다.

이 교훈은 굉장히 중요한 교훈 가운데 하나이다. 진정으로 우리의 소유라고 할 수 있는 유일한 겸손은 기도하는 가운데 우리가 하나님 앞에서 보여주려고 억지로 노력하는 겸손이 아니라 일상생활 속에서 자연스럽게 우리의 처신을 통해 나타나고 실행되는 겸손이다. 아무리 사소한 일상생활이라도 영원이라는 관점에서 보면 굉장히 중요하며 영생에 대한 시험이라고 볼 수 있다. 왜냐하면 일상생활에서 벌어지는 여러 가지 사소한 일들이야말로 정말로 무엇이 우리를 소유하고 있는 정신인지를 분명히 증명해 보일 것이기 때문이다.

우리가 정말로 우리 자신의 모습을 보여주고 바라보게 되는 것은 바로 아무런 경계심이나 꾸밈없이 드러나는 그와 같은 순간이다. 겸손한 사람인지 아닌지를 알기 위해서는, 또한 겸손한 사람이 행동하는 방식을 알기 위해서는 당신이 직접 그 사람의 일상생활에서 이런저런 과정을 함께 따라다녀 보아야 한다.

이게 바로 예수님이 가르치셨던 것이 아닌가? 예수님이 겸손에 관한 교훈을 가르치셨던 때는 제자들이 누가 가장 커야 하는지를 둘러싸고 다투던 바로 그때였다. 그것은 바리새인들이 잔치에서 얼마나 가장 높은 자리에 앉기를 좋아하고 회당에서도 역시 가장 높은 자리에 앉기를 좋아하는지 목격하셨던 바로 그때였다. 그것은 제자들의 발을 씻어 주는 본보기를 보여주셨던 바로 그때였다. 하나님 앞에서의 겸손이 사람들 앞에서 겸손한 모습으로 증명되지 않는다면 그것은 아무것도 아니다. 그것은 바울의 가르침에서도 역시 마찬가지다. 로마에 있는 성도들에게 바울은 이렇게 권면한다.

"형제를 사랑하여 서로 우애하고 존경하기를 서로 먼저 하며"
(롬 12:10).

"서로 마음을 같이하며 높은 데 마음을 두지 말고 도리어 낮은 데

처하며 스스로 지혜 있는 체하지 말라"(롬 12:16).

또한 고린도에 있는 성도들에게는 그 근본에 겸손 없는 사랑은 있을 수 없다고 이렇게 말한다.

"사랑은 오래 참고 사랑은 온유하며 시기하지 아니하며 사랑은 자랑하지 아니하며 교만하지 아니하며 무례히 행하지 아니하며 자기의 유익을 구하지 아니하며 성내지 아니하며 악한 것을 생각하지 아니하며"(고전 13:4-5).

그러면서 갈라디아에 있는 성도들에게도 말한다.

"형제들아 너희가 자유를 위하여 부르심을 입었으나 그러나 그 자유로 육체의 기회를 삼지 말고 오직 사랑으로 서로 종 노릇 하라. …헛된 영광을 구하여 서로 노엽게 하거나 서로 투기하지 말지니라"(갈 5:13,26).

에베소에 있는 성도들에게는 멋진 천국생활에 대해 에베소서 3장을 할애한 직후에 이렇게 권면한다.

"모든 겸손과 온유로 하고 오래 참음으로 사랑 가운데서 서로 용납하고"(엡 4:2).

"범사에 우리 주 예수 그리스도의 이름으로 항상 아버지 하나님께 감사하며 그리스도를 경외함으로 피차 복종하라"(엡 5:20-21).

빌립보에 있는 성도들에게도 전한다.

"아무 일에든지 다툼이나 허영으로 하지 말고 오직 겸손한 마음으로 각각 자기보다 남을 낫게 여기고 각각 자기 일을 돌볼뿐더러 또한 각각 다른 사람들의 일을 돌보아 나의 기쁨을 충만하게 하라. 너희 안에 이 마음을 품으라. 곧 그리스도 예수의 마음이니 그는 근본 하나님의 본체시나 하나님과 동등됨을 취할 것으로 여기지 아니하시고 오히려 자기를 비워 종의 형체를 가지사 사람들과 같이 되셨고 사람의 모양으로 나타나사 자기를 낮추시고 죽기까지 복종하셨으니 곧 십자가에 죽으심이라. 이러므로 하나님이 그를 지극히 높여 모든 이름 위에 뛰어난 이름을 주사"(빌 2:3-9).

그리고 골로새에 있는 성도들에게도 사랑의 권면을 남긴다.

"그러므로 너희는 하나님이 택하사 거룩하고 사랑받는 자처럼 긍휼과 자비와 겸손과 온유와 오래 참음을 옷 입고 누가 누구에게 불만이 있거든 서로 용납하여 피차 용서하되 주께서 너희를 용서하신 것 같이 너희도 그리하고 이 모든 것 위에 사랑을 더하라. 이는 온전하게 매는 띠니라"(골 3:12-14).

겸손에 관한 생각과 마음을 갖고 진정으로 자신을 겸허히 낮추는 모습이 제대로 나타나는 것은 서로에 대한 우리의 관계, 서로에 대한 우리의 처신을 통해서다. 거기에서 겸손이 나타나지 않는다면 하나님 앞에서 우리의 겸손은 아무런 가치가 없겠지만 한편으로 그러한 모습이 나타날 때 그것은 사람들에게 예수님의 겸손을 계시하도록 우리를 준비시켜준다. 이러한 말씀의 조명을 통해 일상생활에서 나타나는 겸손을 차분히 묵상해보자. 겸손한 사람은 언제나 이와 같은 규칙에 따라 행동하려고 노력한다. "서로 우애하고 존경하기를 서로 먼저 하라. 오직 사랑으로 서로 종노릇 하라. 자기보다 서로 남을 낮게 여겨라. 그리스도를 경외함으로 피차 복종하라."

우리가 자주 던지는 질문은 이런 것이다. "다른 사람들이 지혜와 거룩함에 있어서, 천부적인 은사나 지금까지 받은 은혜에 있어서 우리보다 훨씬 뒤처지는 것처럼 보이는 경우 어떻게 우리가 자기보다 남을 낮게 여길 수 있을까?" 이 질문은 진정으로 겸허하게 생각을 낮추는 것이 무엇인지에 관해 우리가 얼마나 몰지각한지를 단번에 증명해준다. 참된 겸손은 하나님의 광명 아래 자기 자신을 아무것도 아닌 존재로 바라보면서 하나님이 전부가 되도록 자기 자신을 완전히 내어놓고 내던지는 데 동의할 때 찾아온다.

이렇게 결단한 영혼은 이제 더는 다른 사람들과 자기 자신을 비교하지 않으면서 "그러니까 전 당신을 발견하느라 지금까지 제 자신을 완전히 잃어버리지 않았던가요?"라고 당당히 하나님께 말할 수 있다. 그것은 하나님의 임재 안에서 자신에 대한 모든 생각을 영원히 포기하는 것이다. 그것은 마치 아무것도 아닌 존재로, 자기 자신을 위해서는 아무것도 구하지 않는 존재로, 하나님의 종이자 스스로 모든 사람의 종인 존재로 사람들을 만나는 것이다.

신실한 종은 주인보다 더 지혜로울 수도 있지만 여전히 참된 종의 정신과 자세를 그대로 유지하고 있다. 겸손한 사람은 아무리 연약하고 가치 없을지라도 모든 하나님의 자녀를 존중하며 왕의 아들로서 그 사람을 공경하고 좋아할 것이다. 제자들의 발을 씻기셨던 예수님의 정신은 사실상 가장 작은 자가 되는 것조차도, 서로에게 종이 되는 것조차도 우리를 즐겁게 한다.

겸손한 사람은 아무런 질투심이나 시기심을 느끼지 않는다. 다른 사람들이 자기 앞에서 더 많은 칭찬을 받거나 복을 받더라도 그 사람은 하나님을 찬양할 수 있다. 그 사람은 자기 자신이 잊히고 다른 사람을 칭송하는 소리를 들어도 참을 수 있다. 왜냐하면 하나님의 임재 안에서 그 사람은 마치 바울처럼 "나는 아무것도 아니다"라고 고백하는 법을 배웠기 때문이다.

조급함과 과민함으로 나아가게 하는 여러 유혹 가운데서, 다른 성도의 잘못과 죄악에서 비롯되는 날카로운 언행으로 이끄는 여러 시험 가운데서 겸손한 사람은 "누가 누구에게 불만이 있거든 서로 용납하여 피차 용서하되 주께서 너희를 용서하신 것같이 너희도 그리하고"(골 3:13)라는 말씀대로 살아가려고 애쓰는 모습을 보여준다.

그 사람은 예수 그리스도로 옷 입는 가운데 동정심과 친절함과 겸손함과 온유함과 오래 참음의 옷을 입는 법을 배웠다. 그리하여 예수님이 자아의 자리를 대신 차지하였으며 예수님이 용서하신 것처럼 자신도 용서를 베푸는 것이 전혀 불가능하지 않다. 예수님의 겸손은 단지 자기 비하에 관한 사상이나 말로만 이루어지는 것이 아니라 바울이 언급한 것처럼 동정심과 친절함과 겸손함과 온유함과 오래 참음으로 둘러싸인 겸손의 마음, 곧 하나님의 어린양에서 나타나는 흔적으로 인식되는 달콤하고도 겸허한 온유함으로 이루어진다.

좀 더 차원 높은 그리스도인의 삶을 경험하려고 애쓰는 가운데 성도들은 자주 담대함, 기쁨, 이 세상을 경멸하는 마음, 질투심, 자기희생처럼 더욱 인간적이고 인위적인 미덕을 불러올 수 있는 것들을 목표로 삼아 오직 그것들만을 즐기려는 위험에 빠지게 된다. 심지어 고대 스토아 철학자들은 이와 같은 것들을 가르치고 훈련하고 권장하였다. 그러나 여기에서는 예수님이 이 세상에서 가장 먼저 가르치셨던 것들, 곧 더 심오하고 더 온유하고 더 신성하고 더욱 천상적인 은혜와 더불어 예수님의 십자가와 자아의 죽음과 더욱 명확하게 연결되는 것들, 곧 심령의 가난함, 온유함, 겸손함, 겸허함 따위는 거의 고려되지 않거나 가치 있게 여겨지지 않는다.

그러므로 우리는 더욱더 동정심과 친절함과 겸손함과 온유함과 오래 참음으로 가득한 마음을 옷 입어야 한다. 그리고 잃어버린 사람들을 구원하기 위한 열정에서뿐만 아니라 모든 사람 앞에서 형제들과 교제하는 과정에서도 우리는 주님이 우리를 용서하신 것처럼 서로 삼가고 용서하면서 예수님을 닮은 성품을 증명해 보여야 한다.

그리스도인들이여, 겸손한 사람에 대한 성경의 생생한 묘사를 진지하게 공부해보자. 그리고 주변 사람들이 우리에게서 성경의 원안을 닮은 모습을 인식할 수 있는지 아닌지를 다른 성도들과 세상에 물어보자. 이러한 본문을 각각 하나님이 우리 안에서 일하실 것들에 대한 약속의 말씀으로써, 예수님이 보내신 성령이 우리 안에서 새롭게 탄생시키실 것들에 대한 계시의 말씀으로써 받아들이자.

그리고 실패와 결점이 드러날 때마다 온유하고 겸손하신 하나님의 어린양으로 나아가 우리 자신도 겸손하고 온유한 모습으로 돌아가도록 자신을 촉구하자. 그분께서 마음속의 보좌에 앉으시는 곳에서, 그분의 겸손과 온유함이 우리 안에서부터 흘러넘치는 생명수의 시내 가운데 하나가 될 것을 확신하면서 말이다.

다시 한번 앞서 언급한 이야기를 강조하고 싶다. 교회가 이처럼 신성한 겸손의 부족으로부터 어떤 고난을 겪게 되는지에 관한 개념이 우리에게 거의 없다고 느끼기 때문이다. 하나님이 그분의 능력을 나타낼 만한 여지를 남겨놓을 수 있는 것이 교회 안에는 전혀 없다고 느끼기 때문이다.

겸손하고 사랑이 넘치는 영을 가진 그리스도인이라면 머지않아 다양한 단체와 적지 않은 선교기관을 두루 알게 되겠지만 어떤 경우에 그러한 곳에서조차도 사랑과 관용의 정신이 몹시 부족하다는 사실에 서글퍼질지도 모른다. 그러니까 이 모든 것은 바로 단 한 가지 원인 때문이다. 곧 자기 자신을 아무것도 아니라고 여기는 겸손, 기꺼이 지극히 작은 자가 되고 오히려 그렇게 여기기를 기뻐하는 겸손, 예수님처럼 오직 다른 사람들, 심지어 가장 낮고 무가치한 사람들에게조차도 종, 조력자, 위로자가 되려고 애쓰는 겸손이 부족하기 때문이다.

그리고 아무리 예수님을 위해 자기 자신을 기꺼이 내어주는 사람들이라 하더라도 오히려 자기 형제자매들을 위해서는 자신을 포기하는 게 그토록 어렵게 여겨지는 이유를 교회에서 발견하기 때문이다. 그동안 교회에서는 예수님의 겸손이야말로 가장 첫 번째 되는 미덕이며 성령이 허락하시는 모든 은혜와 능력 가운데 최고임을 하나님의 자녀들에게 거의 가르치지 않았다. 예수님과 마찬가지로 예수님을 닮은 겸손이 가장 우선적인 자리를 차지하고 가장 먼저 선포되는 것이야말로 가장 필요한 행실이며 가장 가능성 있는 사명임을 교회에서는 거의 증명해 오지 못했다.

　　그러나 절망하지 말자. 이와 같은 은혜가 부족함을 발견함으로써 하나님께 더 많은 기대를 하게끔 분발하자. 우리를 시험에 들게 하거나 성가시게 구는 모든 형제자매를 하나님이 베푸시는 은혜의 수단으로, 우리를 정화시키기 위해, 예수님이 우리 안에 생명을 불어넣어 겸손을 훈련시키기 위해 사용하시는 하나님의 도구로 간주하자. 그리하여 하나님을 전부로, 자기 자신은 아무것도 아닌 존재로 바라볼 수 있는 믿음을 갖도록 노력하자. 우리 자신의 눈에는 아무것도 아니지만 오직 하나님의 능력으로 사랑 안에서 서로를 섬기기 위해 얼마든지 노력할 수 있다.

07

겸손은
거룩함을 나타내는
최고의 표지이다

Humility, And Holiness

너는 네 자리에 서 있고 내게 가까이 하지 말라. 나는 너보다 거룩함
이라 하나니 이런 자들은 내 코의 연기요 종일 타는 불이로다.

이사야 65:5.

무릇 자기를 높이는 자는 낮아지고 자기를 낮추는 자는 높아지리라.

누가복음 18:14.

우리는 이 시대에 나타난 성결 운동에 관해 이야기하면서 하나님
을 찬양한다. 우리는 거룩함을 추구하는 수많은 구도자, 거룩함을 고
백하는 사람들, 거룩함에 관한 가르침, 그리고 거룩함을 위한 모임들
에 대한 소식을 듣는다. 예수님 안에 있는 거룩함에 관한 복된 진리

들, 그리고 믿음으로 말미암은 거룩함이 예전에는 결코 들어볼 수 없을 만큼 많이 강조되고 있다. 우리가 추구하거나 도달하겠다고 고백하는 거룩함이 진리와 생명인지 아닌지를 알아볼 수 있는 가장 커다란 시험은 그 거룩함으로 말미암아 생겨나는 겸손이 점차 커지고 명백하게 드러나는지의 여부일 것이다.

모든 피조물 안에서 겸손은 그 피조물 안에 내주하면서 그 피조물을 통해 하나님의 거룩함을 빛나게 하는 유일한 요소이다. 예수님 안에서 우리를 거룩하게 하는 하나님의 거룩한 존재, 곧 신성한 겸손은 그 피조물의 삶과 죽음, 그리고 고양(高揚)을 위한 비밀이었다. 우리의 거룩함을 시험해 볼 수 있는 유일하고도 무오한 기준은 하나님과 사람들 앞에서 우리를 특징짓는 겸손일 것이다. 겸손은 거룩함을 활짝 꽃피운 화관이자 아름다움 그 자체이다.

가짜 성결에서 가장 눈에 띄는 점은 겸손의 부족이다. 거룩함을 추구하는 모든 구도자는 무의식적으로 육신의 완벽함을 추구하려는 정신에서 시작된 무언가를 쫓으면서 그 존재를 거의 예상하지 못한 곳에서 슬며시 교만이 기어들지 않도록 주의를 기울여야 한다.

두 사람이 기도하러 성전으로 올라갔다. 한 사람은 바리새인이었고 다른 사람은 세리였다. 바리새인은 스스로 너무나 거룩하다고 여긴 나머지 들어갈 수 없는 장소나 자리가 하나도 없었다. 그 바리새인은 너무나 교만한 나머지 하나님의 성전에서도 고개를 뻣뻣이 처들 수 있었으며 바리새인의 예배는 스스로를 높이는 모습으로 나타났다. 예수님이 바리새인의 교만을 너무나 적나라하게 폭로하신 이후로도 바리새인은 계속 세리보다 눈에 띄는 자리를 차지하려고 했다. 이처럼 가장 거룩하다고 고백하는 사람과 마찬가지로 스스로 깊은 죄악을 고백하는 사람도 역시 마음을 놓지 않고 주의를 기울여야 한다.

우리가 자기의 마음을 하나님의 성전으로 바꾸기 위해 열심히 노력하고 있는 바로 그때 우리는 자기 마음속에서 두 사람이 함께 기도하러 올라오는 모습을 목격하게 될 것이다. 이때 세리는 자기 옆에서 자신을 경멸하는 외부의 바리새인으로부터 위험한 상황이 초래되는 게 아니라 자신을 칭찬하고 높이는 내부의 바리새인으로부터 위험이 초래된다는 사실을 발견하게 될 것이다. 하나님의 성전에서 우리가 다른 누구보다 가장 거룩하다고 생각하는 순간 그분의 거룩한 임재 가운데서도 서서히 교만이 싹트기 시작한다는 점에 주의하자. "하루는 하나님의 아들들이 와서 여호와 앞에 섰고 사탄도 그들 가운데에 온지라"(욥 1:6).

바리새인은 "하나님이여 나는 다른 사람들 곧 토색 불의 간음을 하는 자들과 같지 아니하고 이 세리와도 같지 아니함을 감사하나이다. 나는 이레에 두 번씩 금식하고 또 소득의 십일조를 드리나이다"

(눅 18:11-12)라고 기도드렸다. 하나님이 지금까지 그 모든 일을 행하시는 것과 동시에 자아가 자기만족의 원인을 발견하는 것은 우리가 하나님 안에서 올려드리는 바로 그 감사의 원인 안에서, 우리가 하나님께 돌리는 바로 그 감사 안에서, 바로 그 고백 안에서도 역시 가능하다. 그렇다. 심지어 성전 안에서 오직 하나님의 긍휼에 대한 회개와 신뢰의 언어를 소리 높여 부르짖을 때조차도, 그 바리새인은 찬양곡을 손에 들고서 하나님께 감사한다고 말하는 가운데서도 오히려 자기 자신에게 축하와 만족을 표시할 수도 있다. 교만은 얼마든지 위선적으로 찬양이나 회개의 옷을 입을 수 있다.

비록 흔히 "나는 다른 사람들과 같지 않다"라는 말이 거부되고 정죄 되기는 하지만 바리새인들과 같은 생각은 다른 예배자와 다른 그리스도인들을 대하는 우리의 감정과 언어 안에서 너무나 자주 발견되고 있다. 그렇다면 이게 정말로 그런지 아닌지를 어떻게 알 수 있을까? 일단 그리스도인들이 서로에 관해 이야기하는 방식에 주의 깊게 귀 기울여보라. 거기에서 예수님의 온유함과 상냥함이 얼마나 적게 드러나는가! 깊은 겸손이야말로 예수님의 종들이 자기 자신이나 서로에게 이야기해야 할 내용 가운데 가장 기본적인 원칙으로 자리 잡고 있어야 한다.

흔히 성도라고 여겨져 온 사람들이 과민함과 성급함과 조바심으로, 자기방어와 자기주장으로, 날카로운 판단과 불친절한 말로 각각 다른 사람들을 자신보다 더 잘 헤아리지 못했다. 또한 자신의 거룩함이 다른 성도들의 온유함에 훨씬 미치지 못한다는 사실 때문에 조화가 깨지고 하나님의 일이 방해되는 수많은 교회나 교단, 수많은 학회나 위원회, 심지어 이방 나라에서 멀어진 수많은 선교 단체가 존재하지 않는가?

우리는 자신의 영적 이력에서 자신을 낮추고 깨어진 마음을 품었던 시기가 있었을 수도 있다. 하지만 이것이 겸손으로 옷 입는 것, 겸손한 영을 갖는 것, 자기 자신을 다른 사람들의 종으로 여길 정도로 마음을 겸손히 낮추어서 예수님 안에도 역시 존재했던 바로 그 마음을 보여주는 것과 어찌 같을 수 있다고 말하겠는가?

"너는 네 자리에 있고 내게로 가까이 오지 말라. 나는 너보다 거룩하기 때문이다!" 거룩함에 관한 이 얼마나 놀라운 풍자란 말인가! 거룩한 예수님은 겸손하신 분이다. 가장 거룩한 자는 항상 가장 겸손한 자이다. 하나님 이외에는 거룩한 자가 아무도 없다. 우리는 하나님을 소유하는 만큼만 거룩함을 소유하게 된다. 그리고 우리가 하나님을 소유하는 정도에 따라서 진정으로 겸손하게 된이다. 왜냐하면 겸손이란 하나님이 전부라는 관점에서 자아를 사라지게 하는 것에 지나지 않기 때문이다. 가장 거룩한 자는 가장 겸손한 자가 될 것이다.

아, 슬프도다! 비록 이사야 시대에 뻔뻔스럽게 자랑하는 유대인조차 흔히 깨닫지 못하고 있을지라도, 심지어 우리 시대의 예의범절조차 그런 식으로 말하지 않도록 우리를 가르쳐 왔을지라도 다른 성도들을 다루든지 세상의 아들들을 다루든지 간에 거기에서 얼마나 자주 자신을 내세우는 생각이 여전히 드러나지 않았던가!

비록 우리가 세리 옷을 입고 있을지라도 어떤 견해가 제시되고 어떤 일이 추진되고 어떤 단점이 드러나는 정신 상태에서 얼마나 자주 그 목소리에는 여전히 바리새인의 소리가 담겨 있단 말인가! "하나님, 감사합니다. 나는 남의 것을 빼앗는 자나 불의한 자나 간음하는 자와 같은 다른 사람들과 같지 않으며, 더구나 이 세리와는 같지 않습니다. 나는 이레에 두 번씩 금식하고 내 모든 소득의 십일조를 바칩니다."

그러면 사람들이 여전히 자기 자신을 모든 사람의 종으로 "모든 성도 가운데 지극히 작은 자보다도 더 작다"라고 여기는 그와 같은 겸손을 과연 찾아볼 수 있을까? 물론 있다.

"사랑은 오래 참고 사랑은 온유하며 시기하지 아니하며 사랑은 자랑하지 아니하며 교만하지 아니하며 무례히 행하지 아니하며 자기의 유익을 구하지 아니하며 성내지 아니하며 악한 것을 생각하지 아니하며"(고전 13:4-5).

사랑의 정신이 마음속에서 널리 퍼져나가는 곳, 거룩한 본성이 충분히 발현되는 곳, 예수님, 곧 하나님의 온유하고 겸손한 어린양이 진실로 내면에서 자리 잡은 곳에는 그 마음이 아무리 연약할지라도 자기 자신을 잊어버리고, 다른 사람들을 축복하고, 다른 사람들을 인내하며, 다른 사람들을 존중하는 가운데 자신의 복을 발견하는 온전한 사랑의 능력이 나타난다. 이와 같은 사랑이 들어가는 곳에는 하나님도 들어가신다. 그리고 하나님이 권능 가운데 거기로 들어가신 다음, 전부로서 자기 자신을 계시하시는 곳에서 피조물은 아무것도 아닌 존재가 된다. 그리고 피조물이 하나님 앞에서 아무것도 아닌 존재가 되는 곳에서 그 피조물은 다른 세계를 향해 단지 겸손해질 수밖에 없다.

　　다른 사람들을 향한 우리의 생각과 언행과 감정은 하나님을 향한 우리의 겸손을 떠보는 하나님의 시험이며, 하나님 앞에서 보여주는 겸손은 우리가 다른 사람들에게 항상 겸손할 수 있게 하는 유일한 힘이다. 그러므로 우리의 겸손은 우리 안에 있는 하나님의 어린양이신 예수님의 생명이어야 한다.

　　강단에서든 연단에서든 거룩함을 가르치는 모든 선생은, 그리고 조그만 사실(私室)에서든 거대한 집회에서든 거룩함을 추구하는 모든 구도자는 이와 같은 경고에 귀를 기울여야 한다. 사실 본래부터 너무나 위험스러운 교만이란 있을 수 없다. 왜냐하면 그 어떤 것도 거룩함에 대한 교만으로써 지나치게 미묘하거나 교활하지는 않기 때문이다. 어떤 사람이 항상 "너는 네 자리에 있고 내게로 가까이 오지 마라. 나는 너보다 거룩하기 때문이다"라고 말하거나 항상 그렇게 생각하는 것은 아니다. 실제로는 그렇지 않다. 그와 같은 생각은 일종의 혐오감으로 간주될 수 있다.

그러나 영혼의 숨겨진 습관은 전혀 의식하지 못하는 사이에 점점 자라나 자신의 성취감을 통해 자기만족을 느끼면서 오직 얼마나 멀리까지 다른 사람들보다 앞서나가고 있는지를 바라볼 수밖에 없게 한다. 그와 같은 습관은 항상 어떤 특별한 자기과시나 자기 찬사를 통해 드러나기보다는 오히려 하나님의 영광을 드러내는 영혼의 표지일 수밖에 없는 그런 깊은 자기비하의 부재를 통해 더욱 적나라하게 드러날 수 있다.

"내가 주께 대하여 귀로 듣기만 하였사오나 이제는 눈으로 주를 뵈옵나이다. 그러므로 내가 스스로 거두어들이고 티끌과 재 가운데에서 회개하나이다"(욥 42:5-6).

"그 때에 내가 말하되 화로다. 나여 망하게 되었도다. 나는 입술이 부정한 사람이요. 나는 입술이 부정한 백성 중에 거주하면서 만군의 여호와이신 왕을 뵈었음이로다 하였더라"(사 6:5).

그와 같은 습관은 언행이나 사고에서뿐만 아니라 다른 사람들에게 말하는 어조나 말투, 말하는 방식으로, 영 분별의 은사를 가진 사람들이라면 충분히 자아의 힘을 인식할 수밖에 없는 방식으로 자기 자신의 모습을 드러낸다. 심지어 날카로운 눈을 가진 세상조차도 그것을 목격하고, 아무리 천상의 삶에 관한 멋진 고백을 늘어놓더라도 아무런 특별한 천상의 열매를 맺지 못하고 있다는 증거로써 그와 같은 모습을 지적한다.

사랑하는 형제자매들이여, 단단히 깨어 있자! 우리가 성결이라고 생각하는 것을 향해 각자 한 걸음씩 앞으로 나아가는 가운데서도 만약 우리가 겸손에 관한 공부를 점점 더 많이 해나가지 않는다면 우리가 아무리 아름다운 생각과 감정을, 성별과 믿음에 관한 근엄한 행위를 기뻐하고 있다 하더라도 하나님의 임재에 관한 유일하게 확실한 표지인 자기 부인이 언제나 부족하다는 사실을 발견할 수밖에 없을 것이다. 그러므로 이리로 와서 예수님에게로 피해 그분 안에 우리 자신을 숨기도록 하자. 우리가 그분의 겸손으로 옷 입을 때까지 말이다. 오직 그것만이 우리의 유일한 거룩함이다.

08

죄에 대한 인식이
우리를
겸손하게 만든다

Humility, And Sin

그리스도 예수께서 죄인을 구원하시려고 세상에 임하셨다 하였도다.
죄인 중에 내가 괴수니라. 디모데전서 1:15.

겸손은 종종 참회나 회개와 동일시된다. 그 결과 한 영혼을 단지
죄악에 사로잡힌 채 계속 내버려 둔다면 도무지 그 사람에게 겸손을
불러일으킬 만한 방법이 없는 것처럼 보이게 된다. 나는 우리가 겸손
이란 다른 어떤 것, 그보다 더 나은 무엇이라고 늘 배워왔다. 우리는
예수님의 가르침과 사도들의 서신들에서 얼마나 자주 죄와는 아무런
관련 없는 겸손의 미덕을 가르치고 있는지를 목격해왔다.

만물의 속성상, 피조물과 창조주 사이의 전반적인 관계에서 예수

님이 그렇게 살아가셨으며 우리에게 나누어주신 그분의 삶에서 겸손은 축복의 본질인 만큼이나 거룩함의 본질이기도 했다. 겸손은 하나님을 보좌에 앉게 함으로써 자아를 그 자리에서 내려오게 하는 것이다. 하나님이 전부이신 곳에서 자아는 아무것도 아닌 존재가 된다.

그러나 비록 내가 특별히 강조해야 할 필요가 있다고 느껴 온 것이 바로 이와 같은 진리의 양상이라 하더라도 나는 인간의 죄와 하나님의 은혜가 성도들의 겸손에 대해 제시하는 새로운 깊이와 강도가 어떤 것인지를 새삼 언급할 필요가 없다고 생각한다. 우리는 단지 인간을 사도 바울처럼 바라보아야 할 뿐이며, 속죄 제물로 드려진 거룩한 인간으로서 자신의 삶을 통해 죄인으로 살아왔던 뿌리 깊은 양심이 어떻게 오랫동안 소멸될 수 없을 만큼 끈질기게 살아 있는지를 정확히 바라보아야 할 뿐이다. 우리는 사도 바울이 박해자와 신성모독자로서 자신의 삶에 관해 언급하는 말씀을 매우 잘 알고 있다.

"나는 사도 중에 가장 작은 자라. 나는 하나님의 교회를 박해하였으므로 사도라 칭함 받기를 감당하지 못할 자니라. 그러나 내가 나 된 것은 하나님의 은혜로 된 것이니 내게 주신 그의 은혜가 헛되지 아니하여 내가 모든 사도보다 더 많이 수고하였으나 내가 한 것이 아니요 오직 나와 함께 하신 하나님의 은혜로라"(고전 15:9-10).

"모든 성도 중에 지극히 작은 자보다 더 작은 나에게 이 은혜를 주신 것은 측량할 수 없는 그리스도의 풍성함을 이방인에게 전하게 하시고 영원부터 만물을 창조하신 하나님 속에 감추어졌던 비밀의 경륜이 어떠한 것을 드러내게 하려 하심이라"(엡 3:8-9).

"내가 전에는 비방자요 박해자요 폭행자였으나 도리어 긍휼을 입은 것은 내가 믿지 아니할 때에 알지 못하고 행하였음이라. 우리 주의 은혜가 그리스도 예수 안에 있는 믿음과 사랑과 함께 넘치도록 풍성하였도다. 미쁘다. 모든 사람이 받을 만한 이 말이여. 그리스도 예수께서 죄인을 구원하시려고 세상에 임하셨다 하였도다. 죄인 중에 내가 괴수니라"(딤전 1:13-15).

하나님의 은혜가 바울을 구원하였다. 하나님은 이제 더는 바울의 죄를 기억하지 않으신다. 그러나 바울은 결단코 자신이 얼마나 끔찍한 죄악을 저질렀는지 잊어버릴 수 없었다. 바울이 하나님의 구원을 더 크게 기뻐할수록, 하나님의 은혜에 대한 경험이 말할 수 없는 기쁨으로 점점 더 많이 바울을 채울수록 그 자신은 구원받은 죄인이며 죄인이라는 의식이 구원을 더욱 소중하게 만들었을 것이다. 바울은 단 한 순간도 하나님이 두 팔로 자신을 안아서 번쩍 들어 올린 다음, 그분의 사랑으로 관을 씌워주신 죄인이었다는 사실을 절대로 잊지 않았다.

조금 전에 우리가 인용한 본문은 날마다 죄짓는 삶에 대한 바울의 고백이라고 흔히 받아들여진다. 우리는 그 말씀들의 연관성을 생각하면서 조심스럽게 그 본문을 읽어야 한다. 그 본문에는 훨씬 더 깊은 의미가 담겨 있기 때문이다. 그 본문은 영원토록 지속되는 것에 관한 언급이며 어린양의 보혈로 자신의 죄악을 깨끗이 씻은 사람으로서 그 보좌 앞에서 자신을 희생제사로 드리겠다고 서약한 겸손에 대해 놀라움과 경탄을 느끼면서 토해내는 깊고 나지막한 목소리를 전해준다.

아무리 영광 가운데 있다 하더라도 그 사람들은 희생제물로 드려진 죄인들을 넘어서는 다른 어떤 존재가 될 수는 없다. 하나님의 자녀가 결코 이 세상에서는 단 한순간도 그분의 사랑이라는 충만한 빛 가운데 살 수 없을 것이다. 이 자녀가 구원받은 죄야말로 은혜가 약속해 온 모든 것을 주장할 수 있는 유일한 권리라는 소유권을 갖지 않는다면 말이다.

처음에는 이 자녀가 죄인으로서 보여주었던 겸손이 이제는 훨씬 더 새로운 의미를 얻게 된다. 이 자녀가 어떻게 겸손이 자신을 하나의 피조물이 되게 하는지를 제대로 배우게 되면 말이다. 그 이후에도 계속 되풀이하여 그 가운데서 이 자녀가 하나의 피조물로 태어나도록 도와주었던 겸손은 하나님의 놀라운 구속적인 사랑에 대한 기념비가 될 만한 것들을 기억하는 가운데 가장 깊고 부요한 경배의 상태를 유지하게 된다.

사도 바울의 이러한 표현들이 우리에게 가르쳐주는 것들에 대한 진정한 중요성은 바울의 전반적인 그리스도인의 행로를 통해 우리가 결코 바울의 필적(筆跡)으로부터, 심지어 우리에게 가장 강력하게 개인적인 속내를 털어놓고 있는 그러한 서신들에서조차도 죄에 대한 고백 같은 것을 결코 발견할 수 없다는 놀라운 사실에 주목할 때 훨씬 더 강력하게 드러나게 된다.

어떤 단점이나 결점에 대한 언급은 아무 데도 없으며 어떤 임무를 수행하지 못했다거나 온전한 사랑의 법에 맞서 죄를 지었다고 독자들에게 솔직히 털어놓는 아무런 암시도 없다. 그와 반대로 바울이 하나님과 사람들 앞에서 흠 없는 삶을 살았다고 당당하게 항변하지 못한다면 자신의 삶은 아무런 의미가 없다는 말로 자기 자신의 결백을 주장하는 말씀은 많이 있다.

"우리가 너희 믿는 자들을 향하여 어떻게 거룩하고 옳고 흠 없이 행하였는지에 대하여 너희가 증인이요, 하나님도 그러하시도다" (살전 2:10).

"우리가 세상에서… 하나님의 거룩함과 진실함으로 행하되 육체의 지혜로 하지 아니하고 하나님의 은혜로 행함은 우리 양심이 증언하는 바니 이것이 우리의 자랑이라"(고후 1:12).

이것은 단순한 이상이나 열망이 아니다. 그것은 지금까지 자신의 실제 삶이 어떠했는지에 대한 강력한 호소이다. 우리가 바울에게서 이처럼 죄에 대한 고백이 없는 이유에 대해 아무리 잘 설명할 수 있다 하더라도 모든 사람은 반드시 성령의 능력 안에서 살아가는 바울의 삶을 지적해야 할 것이다. 비록 오늘날 우리 시대에는 그것이 거의 실현되거나 기대되지 않는 삶이라 하더라도 말이다.

사도 바울이 하나님의 은혜를 입기 이전에 너무나도 끔찍한 죄를 저질러 왔다는 것에 대한 바울의 깊은 기억과 현재 죄를 짓지 않도록 삼가겠다는 자각과 함께 언제나 우리 안으로 들어올 준비가 되어 있는 죄의 어둡고 숨겨진 권세에 대한 지속적인 기억은 서로 연결되어 있다. 단지 우리 안에 내주하시는 예수님의 임재와 능력으로 말미암아 방어되고 있을 뿐이다.

"내 속 곧 내 육신에 선한 것이 거하지 아니하는 줄을 아노니 원함은 내게 있으나 선을 행하는 것은 없노라"(롬 7:18).

이러한 고백은 육신에 종말을 고해야 하는 것으로 묘사되고 있다.

또한 로마서 8장 2절에 선포된 영광스러운 구원의 말씀은 육신의 소멸이나 성화가 아니라 우리 몸의 행위를 절제시킴으로써 성령께서 허락하시는 지속적인 승리에 지나지 않는다.

"이는 그리스도 예수 안에 있는 생명의 성령의 법이 죄와 사망의 법에서 너를 해방하였음이라"(롬 8:2).

건강이 질병을 몰아내고 빛이 어둠을 삼키며 생명이 죽음을 정복하듯이 성령을 통한 예수님의 내주하심은 영혼의 건강이자 빛이며 생명이다. 그러나 이와 더불어 무기력함과 위험에 대한 확실한 두려움은 항상 성령의 순간적이고 중단되지 않는 행위에 대한 믿음을 약화시켜 가장 차원 높은 믿음과 기쁨을 오직 하나님의 은혜로만 살아가는 겸손에 따르는 부속물로 생각하게 하고 절대적인 의존성에 대한 감각을 누그러뜨려 놓는다.

위에서 인용한 말씀들은 모두 바울에게 허락된 놀라운 은혜였음을 보여주고 있으며 그 가운데서 바울은 너무나 깊이 자신을 겸손히 낮출 필요성을 매 순간 느꼈다. 그리하여 하나님의 은혜가 바울과 함께 있었으며, 또한 그 은혜는 바울에게 다른 모든 사람보다 훨씬 더

넉넉히 수고할 수 있게 만들었다.

이방인들에게 말씀을 전파하는 은혜는 예수님의 헤아릴 수 없는 부요함이었다. 그것은 예수 그리스도 안에 있는 믿음과 사랑의 부요함을 훨씬 넘어서는 은혜였다. 그것은 바로 한때는 죄를 지었고, 죄를 짓기 쉬운 상태이며, 너무나 강력하게 살아 있는 의식을 지키려고 몸부림쳤던 은혜(그것이 바로 죄인들을 위한 은혜의 성격과 영광이다)였다.

> "율법이 들어온 것은 범죄를 더하게 하려 함이라. 그러나 죄가 더한 곳에 은혜가 더욱 넘쳤나니"(롬 5:20).

이것은 어떻게 은혜의 본질이 죄를 다루고 죄를 물리치는지, 그리고 어떻게 항상 그런 모습을 유지해야 하는지를 잘 드러내 보여준다. 더욱 풍성하게 은혜를 경험할수록 더욱 강렬하게 죄인임을 자각하게 된다. 그러므로 어떤 사람에게 자신이 어떤 죄인이었는지를 보여주고 상기시켜 진정으로 겸손하게 하는 것은 죄라기보다는 하나님의 은혜이다. 정말이지 나 자신이 죄인임을 알게 만들어 죄인의 자리를 내가 한 번도 떠났던 적이 없는 자기비하의 자리로 만드는 것은 죄라기보다는 은혜이다.

강하게 자기 자신을 정죄하고 비난함으로써 스스로 겸비하기를 추구하는 사람들이 상당히 많다는 사실은 매우 염려스럽다. 친절함과 연민, 온유함과 관용을 비롯하여 겸손한 정신, 곧 겸손의 마음은 여전히 그 어느 때보다 까마득하다고 안타깝게 고백해야 한다는 사실이 매우 우려된다. 심지어 가장 깊은 자기 혐오감을 드러내는 와중에서조차도 자아에 지배되는 것은 결코 우리를 자아로부터 자유롭게 벗어나게 할 수 없다. 우리를 겸손하게 하는 것은 죄를 정죄하는 율법을 통해서 뿐만 아니라 죄로 말미암아 전달되는 그분의 은혜를 통한 하나님의 계시이다. 율법은 두려움과 함께 마음을 깨뜨릴 수도 있다.

제2의 본성으로서 영혼에 기쁨을 주는 그와 같은 달콤한 겸손을 가능하게 하는 것은 오직 은혜뿐이다. 아브라함과 야곱, 욥과 이사야를 그토록 겸허하게 무릎 꿇게 만든 것은 그분의 은혜 안에서 그분 자신을 알리기 위해 그분 가까이로 이끌어가는, 그분의 거룩함 안에서 이루어지는 하나님의 계시였다. 아무것도 아닌 존재인 피조물 전부로써 창조주 하나님, 죄악 가운데 있는 죄인의 전부로써 은혜를 베푸시는 구속주 하나님을 신뢰하고 예배하고 기다리면서 그분의 임재로 너무나 가득하여 자아를 위한 여지를 도무지 찾을 수 없는 상태를 발견하는 것은 바로 그 겸손한 영혼뿐이다.

그러므로 오직 이 약속만이 성취될 수 있다.

"그날에 자고한 자는 굴복되며 교만한 자는 낮아지고 여호와께서 홀로 높임을 받으실 것이요"(사 2:17).

예수님과 성령을 통해 하나님 앞으로 나아와 자신을 겸손히 낮출 수밖에 없는 것은 하나님의 거룩한 구속적인 사랑의 충만한 빛 가운데, 신성한 사랑의 충만한 내재 가운데 살아가는 죄인이다. 이처럼 당신이 죄에 사로잡히는 것이 아니라 하나님께 사로잡히는 것은 자아로부터 구원을 가져온다.

우리가 세상에서… 하나님의 거룩함과 진실함으로 행하되 육체의 지혜로 하지 아니하고 하나님의 은혜로 행함은 우리 양심이 증언하는 바니 이것이 우리의 자랑이라.

_ 고린도후서 1:12

09

믿음은 존재하는 가장 큰 겸손의 본질이다

Humility, And Faith

너희가 서로 영광을 취하고 유일하신 하나님께로부터 오는 영광은 구하지 아니하니 어찌 나를 믿을 수 있느냐. 요한복음 5:44.

얼마 전 어떤 강연에서 강사는 높은 차원의 그리스도인의 삶을 살아가면서 얻는 축복은 흔히 상품진열창 안에 가지런히 놓여 있는 물건들과 같다고 말했다. 누구든지 그 물건들을 또렷하게 바라볼 수는 있지만 직접 손으로 만질 수는 없다. 만약 누군가가 손을 내밀어 그것들을 집어 들어보라고 한다면 그 사람은 분명 두꺼운 유리 때문에 그렇게 할 수 없다고 대답할 것이다.

그런데 이와 마찬가지로 그리스도인들도 역시 완전한 평화와 안식, 흘러넘치는 사랑과 기쁨, 영속적인 친교와 풍성한 열매에 대한 복된 약속들을 명확하게 바라볼 수는 있다. 하지만 그것들을 자신의 것으로 만들 수는 없다. 왜냐하면 그 약속과 우리 사이에는 그것들을 소유하지 못하도록 방해하는 무엇인가가 존재하기 때문이다. 그것은 다름 아닌 바로 교만이다.

믿음으로 이루어지는 약속들은 너무나 확실하고 자유롭다. 각종 초대와 권면은 너무나 강력하다. 충분히 기댈 수 있는 하나님의 강력한 능력은 너무나 가깝고 무한하다. 그리하여 오히려 그것이 믿음을 방해하고 우리의 것이 되지 못하도록 온갖 축복을 가로막는 요인으로 작용할 수도 있다. 앞서 제시한 본문에서 예수님은 믿음이 불가능하게 하는 것은 교만이라는 사실을 우리에게 분명히 드러내고 계신다. "너희가 서로 영광을 취하고 유일하신 하나님께로부터 오는 영광은 구하지 아니하니 어찌 나를 믿을 수 있느냐"(요 5:44).

그 본질상 교만과 믿음은 서로 양립할 수 없다는 사실을 아는 것처럼 우리는 오히려 믿음과 겸손이야말로 본질에서 하나임을 깨닫게 될 것이다. 그리고 우리가 참된 겸손을 소유하는 것보다 더 큰 참된 믿음을 소유할 가능성은 결단코 없다. 우리는 그 마음속에 교만을 품고 있으면서도 사실상 진리에 대해 강력한 지적인 신념과 확신을 소유할 수도 있다는 놀라운 사실을 깨닫게 될 것이다. 그러나 교만은 하나님의 능력으로 충만한 믿음을 불가능하게 한다는 끔찍한 사실도 머지않아 깨닫게 될 것이다.

우리는 단지 믿음이 무엇인지를 잠시 생각해 볼 필요가 있다. 믿음이란 하나님이 일하시게 하려고 자신의 무기력함과 나는 아무것도 아닌 존재라는 고백, 절대적인 순복과 기다림이다. 믿음이란 본질에서 존재할 수 있는 가장 겸손한 것, 단지 은혜가 베풀어주는 것 이외에는 다른 아무것도 주장하거나 얻거나 행할 수 없는 절대적인 의존자로서 우리의 위치를 순순히 받아들이는 것이다.

겸손은 단순히 신뢰 가운데 살아가도록 그 영혼을 위해 준비된 성품이다. 자아 추구, 자기 의지, 자기 확신, 또는 자기 찬양을 통해 나타나는 온갖 교만의 숨결, 심지어 가장 은밀한 교만의 숨결은 단지 하나님의 나라에 들어갈 수 없거나 하나님의 나라에 있는 것들을 소유할 수 없게 하는 그와 같은 자아를 강화시키는 것에 지나지 않는다. 왜냐하면 교만은 하나님이 그분 자신과 마땅히 취해야 할 모습, 곧 만유의 주재가 되지 못하도록 하기 때문이다.

믿음은 천상의 세계와 축복에 대한 감지와 이해를 위한 감각 기관이다. 믿음은 하나님한테서 오는, 오직 하나님이 전부이신 곳에서 비롯되는 영광을 추구한다. 우리가 서로에게서 영광을 취하는 한, 우리가 항상 이생의 영광을 추구하고 사랑하고 질투하는 마음을 지키려고 애쓰는 한, 우리가 사람들로부터 찾아오는 명예와 명성을 추구하는 한 우리는 하나님으로부터 비롯되는 영광을 추구하지도 못하고 받을 수도 없다. 교만은 믿음을 불가능하게 한다.

구원은 십자가와 더불어 십자가에 달리신 예수님을 통해 찾아온다. 구원은 십자가의 정신 안에서 십자가에 달리신 예수님과 나누는 교제이다. 구원은 예수님의 겸손과 연합하는 것이자 예수님의 겸손 안에서 누리는 기쁨이다. 구원은 예수님의 겸손에 동참하는 것이다. 교만이 여전히 우리를 지배하고 있을 때 우리의 믿음은 너무나 연약해진다. 그런데도 우리는 구원에서 가장 필요하고도 복된 부분인 겸손을 갈망하거나 기도하는 법을 배우려 하지 않고 있다.

성경에서는 수많은 사람이 알고 있는 것보다 훨씬 더 많이 겸손과 믿음을 아주 친밀하게 연결하고 있다. 예수님의 삶에서 겸손을 살펴보라. 예수님이 훌륭한 믿음에 관해 이야기하신 두 가지 경우가 있다. 백부장의 믿음을 보고 깜짝 놀라셨던 예수님은 그의 믿음에 대해 이렇게 말씀하셨다. "내 집에 들어오심을 나는 감당하지 못하겠나이다"(눅 7:6)라는 백부장의 말에 "이스라엘 중에서도 이만한 믿음은 만나 보지 못하였노라"(눅 7:9)고 그의 믿음을 칭찬하셨다.

"선생님, 그렇긴 합니다만 상 밑에 있는 강아지도 아이들이 먹다 떨어뜨린 부스러기는 얻어먹지 않습니까?"라고 대꾸하면서 개와 같은 취급에도 아랑곳하지 않던 여인에게 "여자여 네 믿음이 크도다. 네 소원대로 되리라"(마 15:28)고 말씀하시지 않았던가! 한 영혼이 하나님 앞에서 아무것도 아닌 존재로 자신을 낮추고, 또한 믿음으로 나아가지 못하도록 가로막는 모든 장애물을 없애고, 전적으로 하나님을 신뢰하지 않음으로써 그분을 불명예스럽게 만들지 않을까 두려워하게 하는 것은 오직 겸손뿐이다.

우리가 거룩함을 추구하는 데서 실패하는 원인이 바로 여기에 있다. 비록 우리가 그 사실을 제대로 몰랐을지라도 우리의 성별과 믿음을 너무나 피상적이고 일시적으로 하는 것이 바로 이것이다. 어느 정도의 교만과 자아가 우리 안에서 작동하고 있는지를, 그리고 어떻게 그분의 찾아오심과 강력한 능력을 통해 오직 하나님 한 분만이 그것들을 몰아낼 수 있는지를 우리는 제대로 알지 못하고 있었다.

우리는 어떻게 옛 자아의 자리를 완전히 대체하는, 오직 새롭고 신성한 본성만이 우리를 진정으로 겸손하게 만들 수 있는지를 제대로 이해하지 못했다. 우리는 절대적이고 중단 없고 보편적인 겸손이야말로 사람들을 대하는 방식일 뿐만 아니라 하나님을 향한 온갖 기도와 모든 접근 방식의 근원적인 처방이어야 한다는 사실을 제대로 몰랐다. 그리고 마음속에 전반적으로 두루 퍼져 있는 겸손과 낮아짐 없이 하나님을 믿는다거나, 하나님께로 가까이 나아간다거나, 하나님의 사랑 안에 머문다는 것은 눈을 뜨지 않고 보거나 숨을 쉬지 않고 살아가려고 시도하는 것이나 마찬가지임을 제대로 몰랐다.

우리는 하나님의 축복과 부요함을 소유하도록 몸부림치면서도 교만 속에 옛 자아가 그대로 자리 잡고 있도록 가만히 내버려 둔 채로 믿기 위해 너무나 많은 수고를 아끼지 않는 실수를 계속 저질러오고 있다. 그런 상태에서 우리가 쉽게 믿을 수 없었던 것도 전혀 이상한 일이 아니다. 그러나 이제 우리의 행로를 한 번 바꿔보자. 다른 무엇보다 먼저 하나님의 강한 손길 아래서 우리 자신을 겸손히 낮추도록 시도해보자. 그러면 하나님이 우리를 높여주실 것이다.

예수님이 자기 자신을 겸허히 낮추셨던 십자가, 죽음, 그리고 무덤은 하나님의 영광에 이르는 그분의 지름길이었다. 그리고 이 지름길은 바로 우리의 것이기도 하다. 우리의 유일한 소망과 열정적인 기도가 예수님과 함께, 그리고 예수님과 더불어 자신을 겸손히 낮추는 데 초점을 맞춰보자. 하나님과 사람들 앞에서 우리를 겸허히 낮추는 것이라면 무엇이든지 기쁜 마음으로 받아들이자. 이것만이 하나님의 영광에 이르는 유일한 지름길이다.

아마도 당신은 여기서 한 가지 질문을 하고 싶을지도 모르겠다. 나는 지금까지 축복 된 경험을 쌓으면서, 다른 사람들에게 축복을 가져오는 수단이 되고 있으면서 아직도 겸손이 부족한 몇몇 사람들에 관해 언급하였다. 비록 그 사람들이 여전히 다른 사람들에게서 비롯되는 영광을 너무나 많이 추구하고 있다는 사실이 아주 명백해 보일지라도 당신은 이 사람들이 스스로 진실되고, 심지어 강력한 믿음을 증명해 보이는지에 의문을 제기하고 있다.

거기에는 몇 가지 대답이 있다. 그러나 현재 상황에서 우리가 내놓을 수 있는 가장 중요한 대답은 이것이다. 곧 그 사람들에게는 사실상 어떤 믿음의 척도가 있는데 거기에 비례하여 그 사람들에게 부여된 특별한 은사는 다른 사람들에게 축복을 가져다준다는 사실이다. 그러나 바로 그와 같은 축복을 전달하는 과정에서 그 사람들이 믿음으로 감당하는 사역은 겸손의 부족으로 인해 궁극적으로 방해를 받게 되고, 그리하여 이 축복은 흔히 피상적이거나 덧없는 것이 되고 만다는 것이다. 왜냐하면 그 사람들은 하나님이 전부가 되도록 길을 열어드리기 위해 자기 자신이 아무것도 아닌 존재가 되지 않기 때문이다.

분명히 더 깊은 겸손은 더 깊고 충만한 축복을 가져올 것이다. 능력의 영으로서 그 사람들 안에서 역사하실 뿐만 아니라 그분의 은혜로운 충만하심으로, 특히 겸손의 충만하심으로 그 사람들 안에 내주하시는 성령은 그 사람들을 통해 이러한 회심자들에게 능력 있는 삶과 거룩함과 확고함을 전달함으로써 그분 자신을 드러내 보여주실 것이다.

"너희가 서로 영광을 취하고 유일하신 하나님께로부터 오는 영광은 구하지 아니하니 어찌 나를 믿을 수 있느냐"(요 5:44).

형제자매들이여, 다른 아무것도 사람들로부터 영광을 얻으려는 소망과 관련하여 당신을 치유할 수 없다. 그와 같은 영광을 받지 못했을 때 찾아오는 예민함, 고통, 분노에 대해 다른 어떤 것도 당신을 치유할 수 없다. 그러나 오직 하나님에게서 오는 영광만을 추구하는 삶에 당신 자신을 내어드림으로써 당신을 치유할 수 있다.

그러므로 영광의 하나님이 허락하시는 영광이 당신에게 모든 것이 되게 하라. 그러면 당신은 사람들과 자아에게 구하는 영광으로부터 자유로워질 것이고 자신이 아무것도 아닌 존재가 되더라도 만족하고 기뻐할 수 있을 것이다. 이처럼 아무것도 아닌 존재가 됨으로써 당신은 하나님께 영광을 돌리면서 견고한 믿음으로 성장하게 될 것이다. 하나님 앞에서 더욱 깊숙이 자신을 낮출수록 하나님은 당신이 믿음으로 품은 모든 소망을 성취하시기 위해 더욱 가까이 다가오실 것이다.

내 집에 들어오심을 나는 감당하지 못하겠

나이다. _ 누가복음 7:6

이스라엘 중에서도 이만한 믿음은 만나보지

못하였노라. _ 누가복음 7:9

10

자아에 대한
죽음은
겸손의 완전한 열매이다

Humility, And Death to Self

사람의 모양으로 나타나사 자기를 낮추시고 죽기까지 복종하셨으니
곧 십자가에 죽으심이라. 빌립보서 2:8.

겸손은 죽음으로 나아가는 길이다. 왜냐하면 겸손은 죽음을 통해
가장 높은 차원의 완전한 증거를 제시하기 때문이다. 겸손은 활짝 꽃
을 피우는 것이다. 그러니까 자아에 대한 죽음은 겸손의 완전한 열매
이다. 예수님은 죽기까지 자신을 겸손히 낮추셨으며 우리도 역시 틀
림없이 걸어가야 할 길을 활짝 열어젖히셨다. 온 힘을 다해 하나님께
순복한다는 것을 증명하거나, 하나님의 영광을 위해 우리의 인간적인
본성을 포기하고 떨쳐 일어나기 위한 다른 방법이 예수님에게조차도

전혀 없었던 것처럼 우리도 오직 죽음을 통해 그렇게 할 수밖에 없다.

겸손은 우리를 자아의 죽음으로 인도해야 한다. 그래야 우리도 역시 어떻게 우리가 죽기까지 전적으로 자기 자신을 포기했으며 하나님께 모든 것을 전적으로 내어드렸는지를 증명하게 된다. 오직 그렇게 할 때만이 우리가 타락한 본성으로부터 자유로워질 수 있다. 오직 그렇게 할 때만이 하나님 안에서 생명으로 인도하는 길을 발견하게 된다. 장성한 분량의 새로운 본성으로 태어난 겸손이야말로 우리의 호흡이자 우리의 기쁨인 경지에 이르게 한다.

우리는 예수님이 제자들에게 부활의 삶에 관해 이야기하실 때 제자들에게 하셨던 일을 지금까지 설명해왔다. 바로 그때 성령의 강림을 통해 영화롭게 되셔서 보좌에 앉으신 예수님은 실제로 하늘로부터 내려와 제자들 안에 내주하게 되셨다. 예수님은 죽음을 통해 이 모든 것을 할 수 있는 권세를 얻으셨다. 그 가장 깊숙이 자리 잡은 본성을 통해 예수님이 나누어주신 생명은 죽음으로부터 완전히 벗어난 생명이었으며 죽음을 통해 승리를 거둔 생명이었다.

제자들 안에 내주하기 위해 찾아오신 예수님은 죽으셨으나 이제는 영원히 살아계신 바로 그분 자신이었다. 그분의 생명, 그분의 인격, 그분의 존재에는 죽음의 흔적이 고스란히 간직되어 있으며 죽음으로부터 완전히 벗어나 탄생한 생명의 흔적이 포함되어 있다. 그분의 제자들 안에 있는 바로 그 생명에도 역시 언제나 죽음의 흔적이 고스란히 간직되어 있다. 그분의 생명에 고스란히 간직된 생명이 우리에게 알려질 수 있는 것은 오직 죽으신 예수님, 죽으시는 분이 보내신 성령이 우리 영혼에 내주하셔서 역사하실 경우뿐이다.

예수 그리스도의 죽음에 대한 가장 중대한 흔적은 곧 예수님의 참된 추종자들에게서 나타나는 죽음의 흔적 가운데 가장 크고 우선적인 흔적은 바로 겸손이다. 여기에는 다음과 같은 두 가지 이유가 있다. 그 하나는 오직 겸손만이 완전한 죽음으로 인도한다는 것이다. 그리고 다른 하나는 오직 죽음만이 겸손을 완전하게 만든다는 사실이다. 겸손과 죽음은 그 본질상 하나이다. 겸손은 꽃봉오리다. 그리고 죽음을 통해 그 열매가 완전하게 무르익게 된다.

겸손은 완전한 죽음으로 인도한다. 겸손은 자아를 포기하는 것을 의미하며 하나님 앞에서 완전히 아무것도 아닌 존재의 자리로 나아가는 것을 의미한다. 예수님은 자기 자신을 겸손히 낮추셨으며 죽기까지 순종하셨다. 예수님은 죽음을 통해 하나님의 뜻에 자신의 의지를 포기하는 완벽한 증거를 보여주셨다. 예수님은 죽음을 통해 그 잔을 마시고 싶지 않다는 자연적인 본성의 거리낌마저도 완전히 포기하셨다. 예수님은 우리의 인간적인 본성과 연합을 이루고 있었던 삶을 포기하셨다. 예수님은 자아에 대해 죽으셨으며 자신을 시험에 빠지게 만들었던 죄에 대해 죽으셨다.

그렇게 함으로써 인간으로서 예수님은 하나님의 완전한 생명 속으로 들어가셨다. 만약 하나님의 뜻을 행하기 위해 고난받는 종 이외에는 아무것도 아닌 존재로서 자기 자신을 받아들이는 그분의 한없는 겸손이 없었더라면 그분은 절대로 죽지 않으셨을 것이다.

이것은 너무나 자주 던지는 질문이기는 하지만 그 의미에 대해서는 거의 명확하게 이해되지 않고 있는 질문에 대한 해답을 우리에게 명확히 제시해준다. "과연 어떻게 내가 자아를 죽일 수 있을까?" 자아에 대한 죽음은 우리의 일이 아니라 하나님의 일이다. 우리는 예수님 안에서 비로소 죄에 대해 죽는다. 죽음과 부활의 과정을 거쳤던 바로 그 생명이 지금 우리 안에 있다. 그리하여 우리는 사실상 죄에 대해 죽었다는 사실을 확신할 수 있게 된다. 그러나 우리의 성품과 행동에서 이와 같은 죽음의 권세가 충만하게 나타나는 것은 성령이 예수님의 죽음에 따른 권능을 나누어주시는 정도에 따라 달라진다.

그런데 바로 여기가 가르침이 필요한 부분이다. 만약 우리가 그분의 죽음을 통해 예수님과 함께 완전한 교제 안으로 들어가 자아로부터 완전히 구원받았다는 사실을 알게 된다면 우리는 자기 자신을 겸손히 낮추어야 한다. 이것이 바로 우리의 유일한 의무이다. 우리는 전적으로 무기력한 모습으로 자기 자신을 하나님 앞에 내놓아야 한다.

자기 자신을 죽이거나 살리는 일에 자신이 너무나 무기력하다는 사실에 대해 온 마음으로 동의해야 한다. 하나님을 향해 온유하고 인내하며 신뢰하는 순복을 통해 자기 자신이 아무것도 아닌 존재라는 사실에 깊이 잠겨야 한다.

우리는 모든 굴욕을 순순히 받아들여야 한다. 우리를 시험하거나 괴롭히는 다른 사람들에 대해 우리를 겸손하게 만들기 위한 은혜의 수단으로 여겨야 한다. 다른 사람들 앞에서 자기 자신을 겸허히 낮추는 모든 기회를 적극적으로 활용하여 하나님 앞에서 자기 자신을 낮출 수 있도록 도와주는 협력의 기회로 삼아야 한다. 하나님은 그렇게 우리 자신을 겸손히 낮추는 모습을 보시면서 우리가 온 마음을 다해 겸손을 바라고 있다는 증거로써, 겸손을 위한 최고의 기도로써, 그분의 강력하고도 은혜로운 일 하심을 위한 준비로써 그 모습을 받아들이실 것이다.

바로 그때 하나님은 성령의 강력한 감화를 통해 예수님을 우리 안에 충만히 계시하심으로써 그분이 종의 형상으로 우리 안에 진정으로 자리 잡게 하신다. 그러면서 동시에 우리의 마음속에 내주하게 하신다. 완전한 죽음, 곧 우리가 예수 그리스도 안에서 죽었다는 철저하고도 완전한 체험으로 인도하는 것은 바로 겸손의 길이다.

그러므로 다음과 같은 원리가 적용된다. "오직 이와 같은 죽음이야말로 완전한 겸손으로 인도한다." 어쩔 수 없이 겸손해지기는 하지만 지나치게 겸손해지는 것을 두려워하는 너무나 많은 사람이 흔히 저지르는 실수에 주의를 기울여보라. 그 사람들은 참된 겸손이 무엇인지, 그리고 무엇을 해야 하는지를 너무나 많은 자격과 제한, 너무나 많은 추론과 질문을 던진다. 그 사람들은 결코 자기 자신조차도 거기에 아무런 스스럼없이 따르지 못한다. 이것을 조심하기 바란다.

죽기까지 자신을 겸허히 낮추기 바란다. 겸손이 완전해지는 것은 바로 자아의 죽음을 통해서다. 더 많은 은혜에 대한 모든 실질적인 체험의 근저에는, 모든 성별 과정에서 참된 진보가 일어나는 근저에는, 예수님의 형상을 따라 점차 일어나는 모든 실제적인 변화의 근저에는 우리의 기질과 습관을 통해 하나님과 사람들에게 분명히 증명할 수 있는 자아에 대한 죽음이 자리 잡고 있어야 한다.

슬프게도, 심지어 아무리 부드러운 사랑이라 하더라도, 자아에 대한 사랑이 남아 있는지를 알아챌 수밖에 없을지라도 죽음과 생명, 그리고 성령과 동행하는 삶에 관해 이야기하는 것이 얼마든지 가능하다. 자아에 대한 죽음은 스스로 아무런 명예도 취하지 않는 겸손보다 더 확실한 죽음의 흔적을 가질 수는 없다. 그 겸손이란 바로 자신을 비우는 것이며 종의 모습을 취하는 것이다.

멸시당하고 거절당한 예수님과 함께 교제를 나누는 것에 대해, 그분의 십자가를 지는 것에 대해 훨씬 더 많이 정직하게 이야기를 나누는 것이 겉으로는 얼마든지 가능하다. 하지만 거기에서는 하나님의 어린양이 보여주시는 온유하고 겸허한, 친절하고 부드러운 겸손이 거의 나타나지 않을 수도 있다. 그와 같은 겸손이 거의 추구되지 않을 수도 있다.

하나님의 어린양이란 두 가지, 곧 온유함과 죽음을 의미한다. 그러므로 우리는 두 가지 모습을 모두 소유한 분으로서 하나님의 어린양을 받아들이도록 노력해야 한다. 하나님의 어린양 안에서는 그 두 가지가 분리될 수 없다. 그 두 가지 모습은 우리 안에도 역시 그대로 자리 잡고 있어야 한다.

만약 우리가 직접 그 일을 감당해야 했다면 그것이 얼마나 가망 없는 일이었을까! 자연은 결코 자연을 이길 수 없다. 심지어 은혜의 도움이 있어도 그렇다. 자아는 결코 자아를 쫓아낼 수 없다. 심지어 중생한 사람 안에서도 마찬가지다. 하나님을 찬양하라! 그 일은 이미 모두 마무리되었으며 영원히 완성되었다. 예수님이 단번에 영원히 죽으신 것은 자아에 대한 우리의 죽음이다. 그리고 예수님의 승천, 곧 가장 높은 곳에 있는 지성소로 단번에 영원히 들어가신 예수님의 승천은 우리에게 권능을 전해주시는 성령을 허락하셔서 죽음을 이기는 생명의 권세를 우리 자신의 것으로 만들기 위함이었다.

겸손을 추구하고 훈련하면서 그 영혼이 예수님의 발자취를 따라갈 때 더 나은 무엇인가가 필요하다는 영혼의 각성이 일깨워지고, 영혼의 소망과 열망이 재촉되며, 영혼의 믿음이 강화됨으로써 그 영혼은 예수님이 보내신 성령의 참된 충만하심을 찾아 구하고 받아들이는 법을 배우게 된다. 성령이야말로 자아와 죄에 대한 예수님의 죽음을 충만한 권능 가운데 날마다 유지할 수 있게 하시며 겸손이 우리의 삶 가운데 두루 퍼져 있는 정신으로 자리 잡을 수 있게 하신다.

> "무릇 그리스도 예수와 합하여 세례를 받은 우리는 그의 죽으심과 합하여 세례를 받은 줄을 알지 못하느냐. …이와 같이 너희도 너희 자신을 죄에 대하여는 죽은 자요. 그리스도 예수 안에서 하나님께 대하여는 살아 있는 자로 여길지어다. …오직 너희 자신을 죽은 자 가운데서 다시 살아난 자 같이 하나님께 드리며 너희 지체를 의의 무기로 하나님께 드리라"(롬 6:3,11,13).

그리스도인의 전반적인 자의식은 예수님의 죽음을 통해 고무된 정신으로 말미암아 그 안에 고스란히 스며들고 특징지어지는 것이다. 그리스도인은 항상 자기 자신을 예수님 안에서 죽은 사람으로, 그리고 예수님 안에서 죽음으로부터 살아난 사람으로 하나님께 내어드리면서 자기 육체에 주 예수님의 죽음을 간직하고 있어야 한다. 그리스도인의 삶은 항상 이중적인 흔적을 간직하고 있다. 곧 예수님의 무덤 속 깊은 곳, 즉 죄와 자아에 대한 죽음으로 말미암아 찾아들어 온 참된 겸손이 자리 잡은 뿌리와 예수님이 계시는 하늘에까지 부활의 능력으로 말미암아 들려 올라간 그 머리가 자리 잡고 있다.

믿는 자들이여, 예수 그리스도의 죽음과 생명을 당신의 것이라고 주장하라. 예수님의 무덤으로 들어가 자아 자체와 자아의 활동에서 벗어난 안식, 곧 하나님의 안식 가운데로 나아가라. 하나님 아버지의 손에 그분의 영을 완전히 내어드린 예수님과 함께 당신 자신을 겸손히 낮추고 날마다 어찌할 수 없을 정도로 완전히 하나님을 의지하는 곳으로 내려가라. 하나님은 당신을 높이 들어 올려 칭송하실 것이다.

매일 아침 예수님의 무덤 속으로 깊이깊이 내려가 아무것도 아닌 곳으로 내려가라. 그러면 날마다 예수님의 생명이 당신 안에 분명히 드러날 것이다. 사랑스러운, 평온한, 행복한 겸손이 사실상 지금까지 당신 자신의 생득권을 주장해온 흔적, 곧 예수님의 죽으심으로 받는 세례가 될 수 있도록 하라.

"그가 거룩하게 된 자들을 한 번의 제사로 영원히 온전하게 하셨느니라"(히 10:14).

자신의 굴욕으로 들어가는 영혼은 자아를 죽은 것으로 바라보며, 그렇게 여길 줄 아는 능력을 자신 안에서 찾을 것이다. 그리고 자신을 알고 받아들인 사람으로 모든 겸손함과 온유함을 가지고 동행하면서 사랑 가운데 서로를 용납하기 위해 자아를 죽일 것이다. 죽음으로써 나타나는 생명은 예수님과 마찬가지로 온유함과 겸손함 가운데 드러난다.

이와 같이 너희도 너희 자신을 죄에 대하여
는 죽은 자요. 그리스도 예수 안에서 하나님
께 대하여는 살아 있는 자로 여길지어다.

_ 로마서 6:11

11

겸손은
우리를 행복한 삶으로
인도한다

Humility, And Happiness

나에게 이르시기를 내 은혜가 네게 족하도다. 이는 내 능력이 약한 데
서 온전하여짐이라 하신지라. 그러므로 도리어 크게 기뻐함으로 나의
여러 약한 것들에 대하여 자랑하리니 이는 그리스도의 능력이 내게
머물게 하려 함이라. 그러므로 내가 그리스도를 위하여 약한 것들과
능욕과 궁핍과 박해와 곤고를 기뻐하노니 이는 내가 약한 그때에 강
함이라. 고린도후서 12:9-10.

사도 바울이 여러 가지 대단한 계시를 받았다는 이유로 자기 자신
을 높이지 않도록 육체의 가시가 몸 안에 있어 계속해서 바울을 겸손
하게 만들었다. 바울의 우선적인 소망은 그 가시를 제거하는 것이었

으며 그 가시를 떠나가게 해달라고 세 번씩이나 하나님께 간청하였다. 이에 대한 응답은 그 시험이 축복이라는 깨달음으로 찾아왔다. 그 가시로 말미암은 연약함과 굴욕을 통해 주님의 은혜와 능력이 훨씬 더 명확하게 드러날 수 있었다.

사도 바울은 그 시험과 관련해서 즉각 새로운 단계로 들어가게 되었다. 바울은 단순히 그 가시를 참고 견디는 대신에 오히려 기쁜 마음으로 그 가시 안에서 영광을 돌리게 되었다. 단순히 거기에서 벗어나기를 간구하는 대신에 그 가시로 말미암아 기쁨을 누리게 되었다. 바울은 굴욕의 자리야말로 축복의 자리, 능력의 자리, 기쁨의 자리임을 배우게 되었다.

모든 그리스도인은 겸손을 추구하는 과정에서 대부분 이런 두 가지 단계를 통과한다. 처음에 그 사람은 자신을 겸손히 낮추는 모든 것을 두려워하며 거기에서 도망치면서 오직 벗어나기만을 추구한다. 그 사람은 아직 어떤 희생을 치르고서라도 겸손을 추구하는 법을 배우지 못했다. 그런데도 일단 겸손해지라는 명령을 받아들였으며 거기에 순종하려고 애쓴다. 비록 얼마나 철저하게 실패하는가를 발견할 뿐이라 하더라도 말이다.

그 사람은 시시때때로 매우 간절하게 겸손을 위해 기도하지만 그 자신의 내밀한 마음속에서는 구체적인 말로 구하는 것이 아니라 마음의 소원으로 구하는 것이라 하더라도 자신을 겸허히 낮추게 되는 모든 것에서 벗어나게 해달라고 더 많이 기도하게 된다. 그 사람은 아직 하나님의 어린양에서 나타나는 아름다운 모습만큼, 그리고 천국의 기쁨만큼 사랑 가운데 겸손을 보이지는 않기 때문에 그 겸손을 얻기 위해 모든 것을 내려놓지 않을 것이다.

겸손을 추구하는 과정에서, 그리고 겸손을 위해 기도하는 과정에서 여전히 어느 정도의 부담감과 속박을 느낄 수 있으며, 자기 자신을 겸손히 낮추는 것이 아직도 본질에서 겸손한 삶과 본성의 자발적인 표현으로 제대로 자리 잡지는 못했다. 그것이 아직 그 사람의 기쁨과 유일한 즐거움으로 자리 잡지는 못했다. 그래서 그 사람은 이렇게밖에 말할 수 없다. "더욱더 기쁜 마음으로 약점을 자랑하면서 나를 겸손하게 만드는 것이라면 무엇이든지 즐거움으로 삼겠습니다."

그러나 과연 우리가 완전한 겸손의 단계에 도달할 수 있다고 소망해도 좋을까? 그렇다면 무엇이 우리를 거기로 인도할 것인가? 바울을 그리로 데려간 것은 우리 주 예수 그리스도에 관한 새로운 계시였다. 오직 하나님의 임재만이 자아를 드러내고 내쫓을 수 있다. 예수님의 임재로 말미암아 우리 안에서 무엇인가를 추구하는 모든 욕망을 떨쳐버리도록 한 것은 바울에게 깊은 진리를 바라볼 수 있는 더욱 명확한 통찰을 허락하는 것이었다.

그러면 이와 같은 통찰은 예수님의 더욱 충만한 현현을 위해 우리를 준비시키는 온갖 굴욕 가운데서도 우리를 기쁘게 만들 것이다. 우리의 굴욕은 예수님의 임재와 능력을 경험하는 곳으로 우리를 인도하여 우리를 위한 더욱 높은 차원의 축복으로써 겸손을 선택하게 한다. 그러므로 우리는 바울의 이야기가 우리에게 가르쳐주는 여러 가지 교훈을 배우도록 노력해야 한다.

아직 완전한 겸손에 관한 교훈을 충분히 배우지 못해 기쁜 마음으로 연약함을 자랑하지 못하지만 나름대로 성숙한 성도들, 뛰어난 선생들, 천상의 경험을 소유한 사람들이 우리 주변에 있을 수 있다. 우리는 사도 바울을 통해 이런 모습을 살펴보게 된다.

바울에게는 자기 자신을 높일 위험성이 매우 가까이 다가오고 있었다. 바울은 아직 자기 자신을 아무것도 아닌 존재로 여긴다는 것이 무엇을 의미하는지 완전히 깨닫지 못하고 있었다. 오직 예수님만이 자신 안에 살아계실 수 있도록 죽는다는 것, 자기 자신을 겸손하게 낮추는 온갖 모습들 가운데서 오히려 즐거워하는 것이 무슨 의미인지 제대로 몰랐다. 그런데 이것이야말로 바울이 배워야 할 최고의 교훈인 것으로 드러났다. 곧 하나님이 전부가 될 수 있도록 오히려 자신의 연약함을 자랑하는 그와 같은 자기 비움을 통해 주님께 완전히 일치하는 데로 나아가는 것 말이다.

한 성도가 배워야만 하는 최고의 교훈은 바로 겸손이다. 거룩함으로 나아가기를 추구하는 모든 그리스도인은 이것을 충분히 기억해야 한다. 그 사람에게는 열정적인 성별, 뜨거운 열정, 천상의 경험이 있을 수도 있지만, 만약 그것이 주님의 아주 특별한 다루심으로 보호되지 않는다면 아직도 여전히 그 모든 것으로 말미암은 무의식적인 자기 찬양이 얼마든지 있을 수 있다.

그러므로 다음과 같은 교훈을 배우자. 곧 가장 높은 차원의 거룩함은 바로 가장 깊은 차원의 겸손이다. 그것은 저절로 찾아오는 것이 아니라 우리의 신실하신 주님과 그분의 신실한 종의 편에서 특별한 만지심이 있어야 하는 문제라는 점을 기억하자.

우리의 인생을 이와 같은 경험의 빛으로 바라보자. 그리고 바울이 그랬던 것처럼 우리가 기쁜 마음으로 약점을 자랑하는지, 손해를 당하거나 궁핍한 상황에서나 곤란을 당하면서도 즐거워하는지 스스로 살펴보자. 그렇다. 우리가 책망을 정당한 것이나, 아니면 부당한 것으로 여기는 법을 배웠는지 자신에게 물어보자. 친구나 원수로부터 받는 비난을 정당하게 여기거나, 아니면 부당하게 여기는 법을 배웠는지 스스로 물어보자. 다른 사람들이 우리에게 끼치는 손해나 곤란한 일, 또는 어려움을 정당하게 여기거나 부당하게 여기는 법을 배웠는지 자신에게 차분히 물어보자.

위에 열거한 모든 것을 통해 어떻게 예수님이 우리의 모든 것이 되시는지, 어떻게 우리 자신의 즐거움이나 자랑거리는 아무것도 아닌지, 그리고 어떻게 우리가 정말로 굴욕을 즐겁게 받아들이는지 증명하는 기회로 삼자. 실제로 자아로부터 너무나 자유롭게 된 나머지 예수님이 전부라고 생각하는 우리에 대해 다른 사람들이 이러쿵저러쿵 하는 말이나 행동을 무엇이든지 모두 잊어버리고 그대로 감수하는 것은 더욱 커다란 축복이자 더 깊은 천국의 행복이다.

사도 바울을 책임지셨던 분이 우리도 역시 책임지신다는 사실을 신뢰하자. 심지어 바울이 천국에서 들었던 이루 다 형언할 수 없는 것들보다 더 귀중한 것, 곧 연약함과 낮아짐에 대해 자랑하는 법을 배우기 위해서는 특별한 훈련과 더불어 특별한 가르침이 필요했다. 우리에게도 역시 그것이 필요하다. 바울을 돌보셨던 바로 그분이 역시 우리도 돌보실 것이다. 예수님이 바울을 가르치셨던 바로 그 학교는 또한 우리의 학교이기도 하다.

예수님은 우리가 자기 자신을 찬양하지 않도록 질투심 많은 사랑의 돌보심을 통해 우리를 돌보고 계신다. 우리가 그렇게 자신을 높이고 있을 때 그분은 우리에게서 악한 것을 발견해서 그에게서 벗어나도록 도와주려고 애쓰신다. 시험과 연약함과 곤란한 상황에서 그분은 우리를 낮은 곳으로 인도하기 위해 애쓰신다. 우리를 낮은 곳으로 인도하여 겸손을 유지하게 하는 것을 즐거워하는 태도와 관련하여 우리가 그분의 은혜야말로 전부임을 배울 때까지 말이다.

그분의 능력은 우리의 연약함 가운데서 온전해지며 우리의 공허함을 채우고 만족시키는 그분의 임재는 절대 실패하지 않는 겸손의 비밀로 자리 잡게 된다. 하나님이 우리 가운데, 그리고 우리를 통해 행하시는 일을 충분히 목격하면서 바울이 그랬던 것처럼 우리도 역시 항상 이렇게 말할 수 있다.

> "내가 어리석은 자가 되었으나 너희가 억지로 시킨 것이니 나는 너희에게 칭찬을 받아야 마땅하도다. 내가 아무것도 아니나 지극히 크다는 사도들보다 조금도 부족하지 아니하니라"(고후 12:11).

바울의 굴욕은 그 자신을 참된 겸손으로 이끌었으며, 자신을 겸손히 낮추는 모든 것을 지극히 기뻐하고 자랑하며 즐거워하게 되었다.

> "그러므로 도리어 크게 기뻐함으로 나의 여러 약한 것들에 대하여 자랑하리니 이는 그리스도의 능력이 내게 머물게 하려 함이라. … 내가 그리스도를 위하여 약한 것들과 능욕과 궁핍과 박해와 곤고를 기뻐하노니 이는 내가 약한 그때에 강함이라"(고후 12:9-10).

겸손한 사람은 기쁨에 머무는 비결을 배웠다. 그 사람이 자신을 더욱 연약하다고 느낄수록 예수님의 능력과 임재가 더욱 많이 그 사람의 몫이 된다. 그 사람이 "나는 아무 보잘것없는 사람"이라고 말할 때 "내 은혜가 네게 족하도다. 이는 내 능력이 약한 데서 온전하여짐이라"(고후 12:9)는 주님의 말씀은 언제나 더 깊은 기쁨을 가져오게 된다.

나는 다음과 같은 두 가지 교훈에서 다시 한번 모든 것을 주워 모아야 할 것 같다.

첫째, 교만의 위험은 우리가 생각하는 것보다 훨씬 더 크고 가까이에 있다. 그리고 이것은 특히 우리가 최고의 경험을 누리고 있을 때는 더욱 그렇다. 자기 입술에 매달려 감탄사를 연발하는 회중에게 영적인 진리를 선포하는 설교자, 천상의 삶에 관한 각종 비밀을 상세히 설명하면서 거룩한 강단 위에 선 재능을 타고난 강사, 축복 된 체험에 관한 간증을 쏟아내는 그리스도인, 승리를 거둔 가운데 기뻐하는 군중들에게 축복을 전하면서 계속 전진하는 복음 전도자 등 이들 중에서 어느 사람도 이와 같은 경험이 드러내는 숨겨진 무의식적인 위험을 잘 알지 못한다.

사도 바울도 그것을 깨닫지 못한 채 위험에 처해 있기도 하였다.

예수님이 바울에게 취하셨던 조치는 바로 우리의 훈계를 위해서라고 기록되어 있다. 곧 우리가 자신의 위험을 알아차려서 우리 자신의 유일한 안전을 깨달을 수 있도록 하기 위함이라는 것이다. 만약 거룩하다고 고백하는 어떤 선생이나 교수에 대해서 그 사람은 자아로 충만하다거나, 그 사람은 자기가 설교한 대로 실행하지 않는다거나, 또는 그 사람의 축복은 자신을 더욱 겸손하거나 온유하게 만들지 못해 왔다는 말을 계속한다면 이제 더는 그렇게 말하지 말라. 우리가 전적으로 신뢰하는 예수님만이 우리를 겸손하게 만들 수 있기 때문이다.

둘째, 겸손의 은혜도 역시 우리가 생각하는 것보다 훨씬 더 크고 가까이에 있다. 우리 주 예수님의 겸손은 우리의 구원이다. 그러므로 예수님 자신이 바로 우리의 겸손이다. 우리의 겸손은 예수님의 돌보심과 사역이다. 그분의 은혜가 우리에게 족하며, 또한 교만의 시험에 대처하기에도 충분하다. 예수님의 능력은 우리의 연약함 가운데서 온전해질 것이다.

우리는 연약해지고 낮아지고 자신을 아무것도 아닌 존재로 여겨야 한다. 겸손이 우리에게 기쁨과 즐거움이 되도록 해야 한다. 기쁜 마음으로 연약함을 자랑하며 즐거움으로 삼아야 한다. 우리를 겸손하게 만들고 계속해서 우리를 낮추는 모든 것을 기쁜 마음으로 자랑하

며 즐거움으로 삼아야 한다. 그럴 때 예수님의 능력이 우리를 붙잡아
주실 것이다.

예수님이 자기 자신을 겸손히 낮추셨으므로 하나님이 그분을 높
여주셨다. 예수님이 우리를 겸손히 낮추실 것이며 계속해서 우리를
겸손히 낮추게 하실 것이다. 그러므로 온 마음을 다해 거기에 동의하
자. 신뢰하는 마음과 기쁜 마음으로 우리를 겸손하게 하는 모든 것을
그대로 받아들이자. 예수님의 능력이 우리를 붙잡아주실 것이다. 우
리는 가장 깊은 차원의 겸손이 가장 진정한 행복의 비결이며 아무것
도 무너뜨릴 수 없는 기쁨의 비결임을 발견하게 될 것이다.

내가 그리스도를 위하여 약한 것들과 능욕
과 궁핍과 박해와 곤고를 기뻐하노니 이는
내가 약한 그때에 강함이라.

_ 고린도후서 12:10

12

겸손은
결국 우리 자신을
영화롭게 만든다

Humility, And Exaltation

무릇 자기를 높이는 자는 낮아지고 자기를 낮추는 자는 높아지리라.

누가복음 14:11.

주 앞에서 낮추라. 그리하면 주께서 너희를 높이시리라.

야고보서 4:10.

그러므로 하나님의 능하신 손 아래에서 겸손하라. 때가 되면 너희를

높이시리라. 베드로전서 5:6.

얼마 전 나는 이런 질문을 받았다.

"어떻게 당신은 이와 같은 교만을 극복할 수 있었는지요?"

그 대답은 간단했다. 두 가지가 필요하다. 먼저 하나님이 당신의

일이라고 말씀하시는 것을 행하는 것이다. 곧 당신 자신을 겸손히 낮추는 것이다. 그런 다음에 하나님이 그분의 일이라고 말씀하시는 것을 행하시도록 그분을 신뢰하면 된다. 그러면 하나님이 즉시 당신을 높이 들어 쓰실 것이다.

그 명령은 명쾌하다. 당신 자신을 겸손히 낮추면 된다. 이것은 당신의 본성인 교만을 정복하고 내쫓는 것이, 그리고 당신 자신 안에서 거룩하신 예수님의 겸손히 낮아지심을 이루어가는 것이 당신의 일이라는 의미가 아니다. 이것은 하나님의 일이다. 그러니까 그와 같은 높이심의 본질은 하나님의 일이다. 그로부터 하나님은 당신을 사랑하는 아들 예수님과 진정으로 닮은 형상으로 높이 들어올리실 것이다.

그 명령이 의미하는 바는 바로 이것이다. 곧 하나님과 사람 앞에서 당신 자신을 겸손히 낮추기 위한 모든 기회를 적극적으로 활용하라는 것이다. 당신 안에서 이미 일하고 있는 은혜에 대한 믿음과 임박한 승리를 위해 더 많은 은혜를 주실 것이라는 확신, 그리고 그럴 때마다 양심이 우리 마음의 교만과 그로 말미암은 역사에 비추는 빛에 이르기까지 이 모든 것에도 불구하고 실패와 넘어짐을 경험할 수 있다는 것이다.

하지만 우리는 자신을 겸손히 낮추라는 절대 변하지 않는 명령 아래 끈기 있게 서 있어야 한다. 그리고 하나님이 안팎으로부터, 친구나

적으로부터, 자연이나 은혜 속에서, 겸손의 필요성을 상기시키고 겸손에 관해 우리를 도와주시기 위해 허락하신 모든 것을 감사함으로 받아들여야 한다. 겸손은 사실상 모성적인 미덕이며 하나님 앞에서 우리의 가장 우선적인 임무이다. 그렇기에 우리는 겸손을 영혼의 유일한 영속적인 안전장치라고 이해하면서 모든 축복의 근원으로서 겸손을 우리의 마음속에 단단히 붙잡아두어야 한다.

누구든지 자기를 낮추면 높아질 것이라는 약속은 신성하고도 확실하다. 우리는 하나님이 요구하시는 한 가지 일, 곧 우리 자신을 겸손히 낮추라는 일을 행하고 있는지 살펴보아야 한다. 하나님은 자신이 약속하신 한 가지 일을 행하고 있는지 늘 스스로 살피실 것이다. 하나님은 더 많은 은혜를 베풀어주실 것이며 정한 때가 이르면 우리를 높이실 것이다.

하나님이 인간을 다루시는 모든 과정은 두 단계로 특징지어진다. 먼저 준비기간이 있다. 이때에는 명령과 약속이 노력과 무기력, 실패와 부분적인 성공을 겪으면서 뒤섞이게 되고 이것들이 각성시키는 더 나은 것에 대한 거룩한 기대감과 뒤섞이면서 사람들이 더 높은 단계로 나아가도록 훈련하고 단련하게 된다. 그런 다음에야 비로소 성취의 시기가 찾아온다. 이때에는 믿음이 약속을 기업으로 물려주게 되고 너무나 자주 아무런 소용없이 싸워온 것처럼 보이는 것들을 이제는 본격적으로 누리게 된다.

이와 같은 법칙은 그리스도인의 삶 가운데 모든 영역에서, 그리고 온갖 개별적인 미덕을 추구하는 과정에서 훌륭하게 자리 잡고 있는데, 그것은 이 법칙이 만물의 본질에 깊이 뿌리를 내리고 있기 때문이다. 우리의 구속과 관련한 모든 일 속에서 하나님이 주도권을 잡고 계셔야만 한다. 그런 일이 일어나고 난 다음에서야 인간의 차례가 다가온다.

순종과 성취 이후의 노력을 통해 우리는 자신의 무기력함을 파악하는 법을 배워야 하고, 자신에 대한 절망 가운데서 자기 자신을 죽이는 법을 배워야 하며, 그리하여 하나님으로부터 그와 같은 목적, 곧 아무것도 모르는 상태에서 처음부터 받아들였던 것을 완성하는 단계를 자발적으로 받아들이기에 적합해지게 된다. 그러니까 태초부터 계셨던 하나님이, 머지않아 사람에게 그분을 적절히 알게 하셨거나 그분의 목적이 무엇이었는지를 충분히 이해시키셨던 하나님이 친히 그 목적 자체이신 분을, 만유의 주재를 갈망하고 환영하신다.

그것은 심지어 겸손을 추구하는 과정에서도 역시 마찬가지다. 모든 그리스도인에게 자신을 겸손히 낮추라는 명령은 하나님 자신의 보좌로부터 흘러나온다. 그 명령을 경청하고 순종하려는 진지한 시도는 두 가지 사실에 대한 고통스러운 발견과 더불어 커다란 보상을 얻게 할 것이다. 반드시 보상을 얻게 될 것이다.

그 한 가지는 아무리 깊은 교만일지라도, 다시 말해 아무리 마음 속 깊은 곳에서 자기 자신을 아무것도 아닌 존재로 여기는 것을 꺼리고 다른 사람들에게 그렇게 여겨지는 것도 몹시 꺼린다고 하더라도 하나님께 절대적으로 순복해야 한다는 것은 누구도 전혀 알아채지 못했던 사실이었다. 또 다른 한 가지는 우리의 온갖 노력 가운데, 그리고 우리의 각종 기도 가운데 아무리 철저히 무기력함이 자리 잡고 있다 하더라도 하나님의 도우심으로 무시무시한 괴물을 파멸시켜야 한다는 사실은 누구도 전혀 알아채지 못했던 사실이었다.

이제 하나님께 소망을 두는 사람에게는 복이 있으며 그 사람 안에 있는 온갖 교만의 권세에도 하나님과 사람들 앞에서 당하는 굴욕의 행위를 인내하는 법을 배운 사람에게는 복이 있다. 우리는 인간 본성의 법칙을 알고 있다. 곧 행동은 습관을 낳고, 습관은 성향을 낳고, 성향은 의지를 형성하고, 적절히 형성된 의지는 성품으로 자리 잡게 된다.

은혜의 역사도 이와 크게 다르지 않다. 끊임없이 반복되는 행동이 습관과 성향을 낳고, 이런 과정들이 의지를 강화시키는 것처럼 의지를 품게 해서 행동하도록 일하시는 하나님은 그분의 강한 능력을 비롯한 성령과 더불어 찾아오신다. 그리고 회개하는 성도가 너무나 자주 하나님 앞에서 교만한 마음을 내려놓고 자기 자신을 내던지는 모습을 보인다면 이처럼 겸손한 마음에 대한 '더 많은 은혜'를 보상으로 받게 된다. 그로 말미암아 예수님의 성령이 교만한 마음을 정복하여 새로운 본성을 가져와 성숙하게 만드시며, 이제는 온유하고 자신을 겸손하게 낮추는 분께서 영원히 그 사람 안에 내주하게 되신다.

주님의 시야에서 당신 자신을 겸손히 낮추라. 그러면 주님이 당신을 높여주실 것이다. 그런데 이와 같은 높임은 무엇으로 이루어지는가? 피조물의 가장 커다란 영광은 단지 그릇이 된 채로 하나님의 영광을 받아 누리고 드러내는 것이다. 그것은 하나님이 전부가 되도록 기꺼이 자기 자신은 아무것도 아닌 존재가 됨으로써만 그렇게 될 수 있다. 물은 언제나 가장 낮은 자리로 흘러 그곳을 가득 채운다. 어떤 사람이든 하나님 앞에서 더 낮은 자세를 유지하면서 자기 자신을 더 많이 비울수록 하나님의 영광이 훨씬 더 빨리 충만하게 흘러들어온다.

하나님이 약속하시는 높임은 그분 자신과 동떨어진 어떤 외적인 것이 아니다. 결코 그렇게 될 수 없다. 하나님이 우리에게 제공하시는 전부는 오직 그분 자신을 더 많이 부어주시는 것이며 그분 자신을 더욱 완전히 소유하도록 하는 것이다. 하나님께서 우리를 높이는 일은 세상의 포상이나 변덕스러운 것이 전혀 아니며 당연히 보상받아야 하는 그런 행위와는 아무런 필연적인 관련이 없다.

다만 그것은 우리 자신을 겸손히 낮추는 행위의 효과와 결과에 대한 본질을 말하는 것이다. 그것은 단지 이처럼 우리 안에 내재하는 거룩한 겸손, 하나님의 어린양에 대한 그와 같은 일치, 하나님의 어린양을 소유하는 것, 하나님의 어린양이 보여주는 겸손 따위와 같은 선물에 지나지 않는다. 우리가 하나님의 내주하심을 충만히 받아들이기에 가장 적절해질 때 말이다.

자기 자신을 겸손히 낮추는 사람은 높임을 받을 것이다. 이러한 말씀에 담긴 진리에 관해 예수님 자신이 증거이시다. 그러한 말씀들이 우리에게도 역시 확실하게 성취된다는 점에 관해 예수님 자신이 보증이시다. 우리는 마땅히 짊어져야 할 그분의 멍에를 짊어지고 그분께 배워야 한다. 왜냐하면 그분은 원래부터 마음이 온유하고 겸손하신 분이기 때문이다.

예수님이 지금까지 우리에게 그분 자신을 낮추셨던 것처럼 만약 우리가 기꺼이 그분께 우리 자신을 낮추기만 한다면 그분은 여전히 우리 각 사람에게 다시금 그분 자신을 낮추실 것이다. 우리는 그분과 동등하지 않게 멍에를 메고 있는 자기 자신을 발견하게 될 것이다. 우리가 그분의 낮아짐과 더욱 깊이 연대하는 곳으로 들어갈 때, 그리고 우리 자신을 겸손히 낮추거나 다른 사람들이 자신을 겸손히 낮추는 것에 대해 적절히 마음에 품을 때 그분을 높이시는 영광의 성령이 우리 위에 머무르실 것이다.

영화롭게 되신 그리스도의 임재와 권능이 이처럼 겸손의 영을 간직한 사람들에게 임할 것이다. 하나님이 우리 안에서 그분께 합당한 자리를 다시금 차지할 수 있을 때 그분은 우리를 들어올리실 것이다. 당신 자신을 겸손히 낮추는 데 있어서 당신의 염려를 그분의 영광으로 바꿔라. 그러면 하나님이 당신의 겸손을 완전하게 만들고 당신에게 생기를 불어넣으면서 그분의 염려를 당신의 영광으로 바꾸실 것이다. 당신 안에 내주하시는 생명, 곧 그분의 아들이 보내신 바로 그 성령을 통해서 말이다.

두루 퍼져 있는 하나님의 생명이 당신을 소유하게 될 때 자신에 대한 아무런 생각이나 소원 없이 자신을 아무것도 아닌 존재로 여기는 것에 관해 그 무엇도 그렇게 자연스럽고 그렇게 달콤하지는 않을 것이다. 왜냐하면 모든 것은 모든 것을 충만히 채우시는 그분과 함께 채워질 것이기 때문이다. 그러므로 예수님의 능력이 내게 머무르게 하려고 나는 더욱더 기쁜 마음으로 내 약점들을 자랑할 것이다.

형제자매들이여, 과연 우리가 거룩함을 추구하는 과정에서 자신의 성별과 믿음조차 거의 쓸모가 없어지게 하는 무슨 합당한 이유라도 있단 말인가? 믿음의 이름으로 그와 같은 일이 이루어졌던 것은 바로 자아로 말미암은 능력을 통해서였다. 하나님이 우리를 부르신 것은 자아와 행복을 위해서였다. 그 영혼이 기뻐하는 것은 아무리 무의식적이었을지라도 여전히 진실한 자아와 거룩함 안에서였다.

우리는 겸손, 곧 절대적이고 내재하는 예수님을 닮은 겸손과 자기 비움, 하나님과 사람을 비롯하여 우리의 전인적인 삶을 둘 다 충만하게 채우고 특징짓는 겸손과 자기 비움이야말로 우리가 추구하는 거룩한 삶의 가장 본질적인 요소임을 명확히 깨달아야 한다.

우리가 나 자신을 잃는 것은 오직 하나님을 소유함으로써 가능하다. 빛줄기 속에서 움직이는 자그마한 티끌이 밝히 드러나는 게 햇빛의 고도와 넓이와 영광 안에서 가능한 것처럼 겸손도 역시 그분의 사랑이라는 햇빛 안에서 단지 티끌로써 존재하게 된다. 그리고 하나님의 임재 안에서 지극히 작은 자리를 차지하게 된다.

> 하나님은 얼마나 크신 존재인지!
> 나는 얼마나 작은 존재인지!
> 사랑의 거대함 속에서 나는 잃어버린 존재,
> 삼켜진 존재일 뿐이다!
> 내가 아니라 오직 하나님만이 거기에 계신다!

우리가 하나님의 임재 안에 우리 자신을 겸손히 낮추는 것, 우리 자신을 아무것도 아닌 존재로 여기는 것은 그리스도인의 삶 가운데서 지극히 큰 성취이며 가장 충만한 축복이다. 그러므로 우리는 예수님이 우리를 향해 말씀하시는 크신 목소리에 귀를 쫑긋 세워야 한다. 그리고 우리 신앙의 몫이 되게 해야 한다.

> "내가 높고 거룩한 곳에 있으며 또한 통회하고 마음이 겸손한 자와 함께 있나니 이는 겸손한 자의 영을 소생시키며 통회하는 자의 마음을 소생시키려 함이라"(사 57:15).

> 오! 더 많이 비우는 것, 더욱 낮추는 것,
> 더욱 천한 존재, 더욱 주목받지 못하는 존재,
> 더욱 알려지지 않은 존재가 되는 것,
> 그리고 하나님께 더욱 거룩한 그릇이 되어
> 예수님으로, 오직 예수님으로만 채우게 하소서!

내가 높고 거룩한 곳에 있으며 또한 통회하고 마음이 겸손한 자와 함께 있나니 이는 겸손한 자의 영을 소생시키며 통회하는 자의 마음을 소생시키려 함이라. _ 이사야 57:15

특별수록

하나님의
약속 해석에 관한 원리와
성화에 대한 약속

부록으로 찰스 피니의 〈하나님의 약속 해석에 관한 원리와 성화에 대한 약속〉을 싣는 이유는 우리가 신앙생활을 하면서 죽을만큼 겸손해서 도달하려는 목적지가 바로 성화에 있기 때문이다. 칭의를 넘어 성화를 이루려는 우리의 몸부림은 결국 나 자신을 내려놓는 겸손에서 비롯될 수 있기에 그렇다. _ 「죽을만큼 거룩하라」(찰스 피니 저, 브니엘) 발췌

하나님의 법에 대한 순종은 자연스러운 능력의 토대 위에서도 얼마든지 가능하다. 이것은 자명한 사실이다. 이것을 부인하는 것은 인간에게 그런 능력이 있을 뿐만 아니라 그 능력을 실제로 발휘할 수 있다는 사실을 부인하는 것이다. 다음과 같은 하나님의 법에서 사용하는 표현은 그 역량이 아무리 크든 작든 간에 해당 주체의 역량에 대한 요구를 매우 솔직하게 드러낸다.

"네 마음을 다하며 목숨을 다하며 힘을 다하며 뜻을 다하여 주 너의 하나님을 사랑하라"(눅 10:27).

이 말씀에서 요구하는 전부는 우리가 어떤 능력을 소유하고 있든 지 하나님을 섬기는 일에 그것을 충분히 발휘해야 한다는 것이다. 온 전한 성화는 하나님의 법에 대한 완전한 순종으로 이루어진다. 그 법 은 우리에게 어떤 능력이 있든지 단지 그것을 올바로 사용하도록 요 구한다. 그러므로 우리에게 주어진 자연스러운 능력을 기초로 이생에 서도 얼마든지 온전하고 영속적인 성화의 상태에 이를 수 있다는 것 은 명백한 진리이다.

성경은 분명히 선포하고 있다. "네 마음을 다하며 목숨을 다하며 힘을 다하며 뜻을 다하여 주 너의 하나님을 사랑하라"(눅 10:27). 천 사에게 선포하든, 어른에게 선포하든, 어린아이에게 선포하든지 이것 이 바로 그 법의 엄숙한 명령이다. 천사는 천사의 능력을 발휘해야 하 며 인간은 인간의 역량을 발휘해야 하고 어린아이는 어린아이의 재능 을 발휘해야 한다. 이 말씀은 현재 있는 모습 그대로, 지금 서 있는 그 곳의 모든 도덕적인 존재를 향한 법이다. 이 법은 현재 있는 능력을 넘어서는 새로운 능력을 만들어내거나 다른 능력을 소유해야 한다고 요구하지 않는다. 단지 하나님의 영광을 위하여 각 사람에게 주어진 능력을 최대한 완벽하게 사용하라고 요구할 뿐이다.

어떤 사람이 실수로 자신의 손이나 발 가운데 하나를, 또는 몸이 나 머리의 어떤 능력 가운데 하나를 사용할 수 없게 되었다면 이 법은 이전에 그 사람이 건강할 때 가졌을 만한 능력과 장점까지 다 동원하라고 요구하지 않는다. 단지 현재 있는 모습 그대로, 여전히 자신에게 남아 있는 능력과 장점만을 적절히 사용하라고 요구할 뿐이다.

이때 하나님이 우리에게 공급해주시는 은혜는 우리가 이생에서 온전한 성화에 이르기 위하여 스스로 발휘하는 능력보다 훨씬 더 크고 충분하다. 그렇기에 우리는 온전한 성화의 과정에서 오직 하나님의 은혜를 구해야 한다. 성도의 온전하고 영속적인 성화는 기필코 성취되어야 한다. 이 과업은 성령의 성화하시는 역사와 진리에 대한 믿음을 통하여 얼마든지 성취될 수 있다. 또한 이 과업은 여기 이 땅에서 시작되어야 하며 우리의 영혼이 하늘나라에 들어가기 전에 완성되어야 한다.

그런데 이 시점에서 우리가 분명히 확신해야 할 질문이 있다.

"우리가 죽기 전에 사실상 이와 같은 상태에 도달할 수 있는가?"

"만약 그렇다면 우리가 언제 이생에서 거기에 도달할 것으로 예측할 수 있는가?"

이 질문은 오직 하나님의 말씀을 살펴봄으로써 해결될 수 있다. 그렇기에 우리는 성경에서 하나님이 선포하신 각종 약속을 해석하는 원리를 올바로 이해하고 적용해야 한다. 이것은 성화의 과정에서 꼭 필요하며 매우 중요한 덕목이다.

우리는 이제 여기서 하나님의 약속을 해석하기 위한 명백하고 상식적인 원리를 자세히 살펴볼 것이다. 왜냐하면 성경 해석의 원리에 관한 질문은 모든 신앙 탐구에 있어서 가장 기본적인 부분이기 때문이다. 그리고 모든 교회가 어떤 부인할 수 없는 확립된 원리에 따라서 성경을 해석하는 데 동의하기까지 각 성도는 성경에서 가르치는 것에 관하여 어떤 동의에도 이를 수 없기 때문이다.

이제 하나님의 약속을 해석하기 위한 몇 가지 명백하고 상식적인, 그리고 자명한 원리를 자세히 살펴보자. 이러한 원리는 우리가 앞에서 던진 질문, 즉 "우리가 죽기 전에 사실상 이와 같은 상태에 도달할 수 있는가? 만약 그렇다면 우리가 언제 이생에서 거기에 도달할 것으로 예측할 수 있는가?"를 해결하는 데 빛이 되어 줄 것이다.

원리 1. 약속한 주체의 성품과 기질을 알아야 한다

어떤 약속에 담긴 표현은 그것을 약속한 주체에 대해 다른 약속에서 알려진 성품을 참고해서 해석해야 한다. 그런데 거기서는 그 주체의 성품이 이 약속 자체에서 보여주는 성품과는 매우 다른 방식으로 계시되고 알려질 수도 있다. 만약 이 약속의 주체가 매우 기꺼운 성향을 지닌 것으로 알려져 있다거나 이와는 반대로 알려져 있다면 그 주체의 현재 약속에 담긴 표현을 해석하려고 할 때 이러한 기질을 반드시 고려해야 한다.

만약 그 주체가 굉장히 관대한 성향의 소유자라면 그 주체의 약속에 담긴 표현에서 의미하는 것처럼 보이는 모든 것을 충분히 기대할 수 있을 것이며 상당히 자유로운 구조가 그 표현에 녹아들어 있을 것이다. 반면 그 주체의 성품이 관대하지 않은 것으로 알려져 있다면, 또한 그 주체가 무엇을 약속하든지 간에 굉장히 꺼리는 마음으로 나눠줄 것이라고 알려져 있다면 그 주체에 대한 표현이 상당히 엄격하게 구성되어 있을 것이다.

또한 그 주체의 약속을 해석하려고 할 때 그 주체가 과장법과 과도한 언행을 사용하는 경향이 있다면 반드시 고려해야 한다. 만약 그 약속의 주체가 과장된 표현을 사용하는 습관이 있다면, 만약 그 주체가 원래 의도보다 훨씬 더 과도한 언행을 사용한다면 그 주체의 약속을 해석하려고 할 때 이것을 반드시 고려해야 한다.

그러나 다른 한편으로 만약 그 주체가 굉장히 조심스럽고도 적절한 표현을 사용하는 매우 진솔한 주체로 알려져 있다면 우리는 그 주체의 진심을 편안하게 받아들이고 이해할 수 있을 것이다. 그 주체의 약속이 비유적인 표현이라서 문자 그대로 이해할 수 없을지는 모르지만, 심지어 그런 경우라고 하더라도 우리는 그 비유가 자연스럽고 충분한 의미를 담고 있는 것으로 그 주체에 대하여 이해해야 한다.

그리고 그 약속이 신중하게 이루어진 것인지, 또는 일시적으로 크게 흥분한 환경에서 이루어진 것인지 아닌지에 관한 사실을 충분히 고려해야 한다. 만약 그 약속이 매우 신중하게 이루어진 것이라면 그 말을 있는 그대로 받아들여 해석해야 한다. 그러나 일시적으로 크게 동요하는 환경에서 이루어진 약속이라면 그와 같은 강력한 표현을 사용하도록 이끈 마음 상태를 충분히 고려해야 한다.

원리 2. 약속한 당사자들 간의 관계를 알아야 한다

어떤 약속에 담긴 표현을 해석하면서 각 당사자의 서로에 대한 관계를 적절히 고려해야 한다. 예를 들어 아들에 대한 아버지의 약속은 낯선 사람에 대해 이뤄지는 것보다 훨씬 더 자유롭고 풍성하며 관대하다. 그 아버지는 어떤 특별한 관심도 없는 사람보다 자기 아들에 대해서 훨씬 더 자유롭고 관대한 성향을 품고 있을 수밖에 없다.

원리 3. 약속한 주체의 의도와 관심사를 깨달아야 한다

그 약속을 받는 대상과 그 사람의 필요와 관련하여 그 약속을 내놓은 주체의 의도를 충분히 고려해야 한다. 만약 그 약속을 내놓은 주체의 의도가 그 약속을 받는 사람의 필요를 채워주려는 것이 분명하다면 그 약속은 어떻게든 이러한 필요를 채우기 위한 것으로 이해해야 한다. 또한 그 약속을 받는 사람의 필요 정도를 그 약속을 해석하는 데 있어서 충분히 고려해야 한다.

또한 자기 의도를 성취하거나, 그 약속을 받는 사람의 필요를 충분히 채워주기 위한 것이라면 약속을 내놓은 주체의 관심사는 반드시 고려되어야 한다. 그 약속 자체와는 별개로, 약속을 내놓은 주체가 약속을 받는 사람과 더불어 그 사람의 필요를 채워주면서 부담을 덜어주기 위한 일에 최고의 관심을 보인다는 사실이 온전히 증명된다면 그 주체의 약속은 이에 따라 해석해야 한다.

원리 4. 약속으로 나타나는 효과를 알아야 한다

약속을 내놓은 주체의 관심사에 대하여 그 약속으로 말미암아 나타나는 효과도 반드시 고려해야 한다. 해석의 일반적이고 올바른 규칙에 따르면 약속으로 제시된 어떤 것이 그 약속을 내놓은 주체의 관심사에 해로운 영향을 미쳐서, 결과적으로 별로 달갑지 않은 마음으로 약속할 수밖에 없었다면 그럴 때 사용된 표현은 매우 엄격하게 해석해야 한다. 그 약속을 제대로 이해하지 못하는 것은 가장 엄격한 해석을 요구하지 않았기 때문이다. 그러나 주체가 약속한 것이 직간접적으로 다른 많은 사람에게 선포되고, 그 사람들에게 약속을 실행하는 과정에서 주체가 한없는 기쁨과 행복을 느낀다면 분명히 그 약속은 문자 그대로 해석해야 한다.

원리 5. 약속한 주체의 능력과 자원을 고려해야 한다

자기 자신에게 아무런 손해를 끼치지 않으면서도 그 약속을 받는 사람의 필요를 채우려는 약속에 대해서는 그 약속을 내놓은 주체의 자원과 능력을 충분히 고려해야 한다. 만일 어떤 의사가 환자에게 건강을 완전히 회복시켜주겠다고 약속한다면 그 말을 액면 그대로 다 받아들이는 것은 옳지 않을 수도 있다. 만일 그 의사가 환자를 치료하여 질병에서 거의 다 회복되었다면 이것이 바로 그 의사가 의도한 전부라고 생각하는 게 타당할 것이다. 어떤 의사도 환자의 건강을 완벽하게 회복시킬 만한 능력이 없다.

그러므로 그와 같은 약속에 담긴 표현을 우리는 합리적으로 수정해서 이해해야 한다. 그러나 환자의 건강을 완벽하게 회복시킬 수 있는 의사의 능력, 자원, 기꺼운 마음에 대해 조금도 의심하지 않는다면 우리는 곧바로 그 의사가 한 말이 전부 진심이라고 믿을 것이다. 만일 하나님이 아픈 사람의 건강을 완벽하게 회복시켜주겠다고 약속하신다면 하나님의 약속은 그 표현에서 전달하는 의미 그대로 이해해야 한다는 사실에는 조금도 의심할 것이 없다.

원리 6. 약속한 주체의 자연스러운 정의를 고려해야 한다

내가 앞서 언급한 대로 우리는 자연스러운 정의에 맞도록 하나님의 법에 담긴 표현을 해석해야 한다. 지금 내가 말하는 것은 우리가 그 약속을 내놓은 주체에 대해 알려진 훌륭함, 자원, 선함, 관대함, 관계, 계획, 행복, 영광에 맞도록 그 약속에 담긴 표현을 해석해야 한다는 것이다.

그렇기에 어떤 명령과 약속이 한 사람을 통하여 다른 사람에게 같은 표현으로 제시되었다면 우리는 두 경우 모두 같게 이해해야 한다. 그에 반하는 어떤 명백한 이유를 발견하지 못한다면 말이다. 그리고 표현이나 맥락뿐만 아니라 여러 환경도 역시 다른 해석을 요구하지 않는다면 우리는 두 경우 모두 같은 표현으로 이해해야 한다.

만약 그 주체의 관대함이 그 주체의 정의와 일치한다면 은혜에 대한 그 주체의 약속은 그 주체의 정의에 대한 요구조건만큼이나 많은 것을 의미한다고 이해해야 한다. 그리고 만약 그 주체가 받는 것만큼이나 주는 데서 많은 기쁨을 누린다면 그 주체의 약속은 요구조건에 대한 표현만큼이나 많은 것을 의미한다고 이해해야 한다.

또한 그 주체가 정의로운 만큼 긍휼하다면 긍휼함에 대한 그 주체의 약속은 정의에 대한 요구조건만큼이나 자유롭게 해석해야 한다. 그리고 그 주체가 긍휼을 베풀면서 기뻐한다면 "심판은 자신에게 어울리지 않는 이상한 일"이라고 말한다면, 그리고 긍휼을 베풀면서 특별한 만족을 누린다면 은혜와 긍휼을 베풀겠다는 그 주체의 약속은 정의를 구현하겠다는 그 주체의 명령과 경고보다 훨씬 더 자유롭게 이해되어야 한다. 이 같은 경우에 사용되는 표현은 어떤 있을 만한 환경에서 사용되는 그와 같은 표현과 아주 흡사한 의미로 해석되어야 한다.

원리 7. 모든 약속은 모든 사람에게 공평하게 적용된다

약속을 해석하고 적용하는 또 다른 규칙은 지금까지 광범위하게 간과되어 오기는 했지만 바로 이것이다. 곧 그와 같은 약속은 모두 "예수 그리스도 안에서 예와 아멘"이다. 그 약속은 모두 하나님의 통치라는 절대불변의 위대한 원리 위에 세워지고 표현된다. 하나님은 사람을 전혀 차별하지 않으신다. 하나님은 전혀 편애를 모르신다. 하나님은 어떤 약속을 내놓으실 때 서로 유사한 환경에서 모든 사람에게 보편적으로 적용되는 원리를 계시하신다.

그러므로 이러한 약속은 그것을 최초로 받은 개인이나 사람들에게만 적용되는 것으로 제한해서는 안 된다. 오히려 서로 비슷한 환경에 놓인 사람이라면 누구에게나 이루어지는 약속으로 이해되어야 한다. 하나님이 보여주신 모습은 언제나 한결같다. 하나님이 어떤 시기나 어떤 사람에게 약속하신 것은 그와 유사한 상황에 있는 사람이라면 때와 장소에 상관없이 약속하신 것이나 마찬가지다. 이것은 신약성경의 기자들이 구약성경의 약속을 이해하고 적용하는 방식으로 그 주체를 바라보는 관점이었다.

어떤 사람에게 구약의 하나님 약속을 신약 기자들이 어떻게 적용하였는지 신약성경을 읽혀보아라. 그러면 그 사람은 곳곳에서 이와 같은 원리가 충분하게 드러나 있다는 사실에 놀랄 것이다. 아담, 노아, 아브라함, 족장들, 그리고 모든 시대의 영감받은 사람들에 대한 모든 약속, 교회를 향한 각종 약속, 그리고 영적인 축복에 관하여 하나님이 한번 말씀하고 약속하신 것들에 대해서, 그러면 하나님은 비슷한 상황에 있는 모든 사람에게 언제나 같게 약속을 적용하신다는 사실을 발견하게 될 것이다.

우리가 하나님의 약속에 사용된 표현을 해석하는 데 필요한 규칙을 논의하는 과정에서, 어떤 약속의 성취를 위해 필요한 조건을 한 번 적용해보자.

성경에 등장하는 성화에 관한 모든 약속은 그 성격상 약속된 것을 받아들이는 과정에서 우리의 적극적인 동참이 필요하다. 성화란 우리의 행위를 올바로 하거나 하나님의 법에 대한 순종으로 이루어지기 때문에, 성화에 대한 약속은 반드시 그 약속을 믿는 믿음을 발휘해야 한다는 조건이 있을 수밖에 없다. 그리고 어떤 약속을 성취한다는 것은 그 약속을 받아들이는 과정에서 우리 자신의 능력을 발휘한다는 의미이다.

결과적으로 성화에 대한 어떤 약속이 우리에게 나름 유익을 주기 위해서는 그 약속에 특정한 시간이 표현되거나 내포되어 있어야 한다. 다시 말해 그 시간이 명시적으로든 암시적으로든 간에 확실히 정해져 있어서, 날마다 시간마다 그 축복을 받을 수 있다는 기대감과 더불어 그 성취를 기다리는 태도 가운데로 나아가게 해야 한다. 하지만 우리가 언제 그 약속이 성취될 수 있는지 이해하며 기대하고 요청할 수 없다면 우리에게 그 약속은 아무런 의미도 없을 것이다.

오순절에 성령을 부어주시는 것과 관련하여 사도들에게 하신 그리스도의 약속은 이를 구체적으로 잘 설명해준다. 그리스도는 하늘로 올라가신 때로부터 여러 날이 지나지 않아 사도들이 성령의 세례를 받을 것이라고 약속해주셨다. 이처럼 시간을 분명히 지정해주신 것은 사도들이 그리스도의 약속을 받는다는 한결같은 기대감으로 주님을 계속해서 기다리는 태도로 나가도록 하기에 충분히 명확했다.

성령의 세례는 사도들의 행위를 동원하는 것을 포함하고 있었으므로, 이와 같은 기대감은 그러한 축복을 받기 위해서는 꼭 있어야 할 중요한 부분이었다. 그러나 사도들이 그리스도께서 막연히 장래의 어떤 시간에 이 축복을 약속하신다고 이해했다면 그 축복을 받을 수 있다는 기대감을 날마다 느끼지 못했을 것이고 사도들은 각자 자기 할 일을 하러 가버렸을 수도 있었다. 아마도 틀림없이 그렇게 했을 것이다. 그리스도께서 다시금 그와 같은 축복을 베푸시겠다고 더욱 커다란 신호를 보내실 때까지 말이다.

현재시제로 된 어떤 약속은 즉각적인 요청이다. 그러니까 다시 말해 그 약속은 언제나 마땅히 이루어지는 것이며 그 약속을 받는 사람이 언제든지 그 약속의 성취를 요구하고 주장할 수 있다. 그러나 장래의 특정한 시간까지 마땅히 이루어져야 하는 어떤 약속은 그 시간 이후로 곧바로 요청할 수 있으며 그 약속을 받은 사람은 그때 이후로 언제든지 현재시제로 된 약속으로 탄원할 수 있다.

구약성경의 엄청나게 많은 약속은 그리스도의 오심으로 말미암아 그때가 차게 되었다. 그때 이후로 이러한 약속은 현재시제로 된 약속으로 활용되어야 한다. 구약시대의 성도들은 그 약속의 성취를 요구할 수 없었다. 왜냐하면 그리스도께서 오실 때까지 그러한 약속들이 성취되지 않을 것이라고 하나님이 말씀하셨기 때문이다. 그러므로 "마지막 날에" "이 세상의 마지막 때에", 다시 말해 유대적인 율법시대에 때가 차야 성취되는 그러한 모든 약속은 이제 기한이 찼거나 현재시제로 된 약속이라고 간주해야 한다. 비록 이제 이러한 약속의 기한이 찼다고 할지라도 그 약속의 성취를 이루기 위해서는 우리의 믿음을 발휘해야 하며 적절한 수단을 올바로 써야 하는 조건이 충족되어야 한다.

어떤 약속의 기한이 찰 때 우리는 그 축복의 성격에 따라 곧장 그 약속의 성취를 기대하거나 점진적으로 성취를 기대할 수 있다. 온 세상이 마지막 날에 완전히 뒤바뀔 것이라는 약속은 우리가 단 한순간에 온 세상이 완전히 뒤바뀔 것이라고 기대해야 한다는 의미는 아니다. 그러나 주님은 즉시 그 일을 시작하실 것이며 그분의 때에 따라 서둘러 그 일을 이루실 것이다. 또한 그것은 교회의 믿음과 노력에 따라 많이 달라질 것이다.

다른 한편으로 약속된 일이 그 성격상 곧바로 성취될 수 있을 때, 그리고 그러한 경우의 성격상 반드시 그렇게 되어야 할 필요가 있을 때 우리가 믿음을 발휘하기만 한다면 언제든지 그 약속은 성취될 것이다. 물론 은혜에 대한 약속과 영광에 대한 약속 사이에는 분명한 차이가 있기는 하지만 말이다. 영광에 대한 약속은 우리가 하늘에 올라갈 때까지 성취되지 않을 것이다. 그와는 반대로 어떤 명시적인 이유가 제시되지 않는다면 은혜에 대한 약속은 이생에서 곧바로 이뤄질 것이다.

어떤 약속은 어떤 의미에서 조건적일 수도 있지만 다른 의미에서 무조건적일 수도 있다. 예를 들어 그리스도의 몸인 모든 교회에게 제시된 약속은 절대적일 것이며 그 성취가 조만간 확실해지고 분명해질 것이다. 그러나 교회의 어느 특정한 세대, 또는 교회의 어느 특정한 개인에게 그러한 약속이 성취되는 것은 각자의 믿음과 적절한 수단을 어떻게 활용하느냐에 따라 조건적일 수밖에 없다.

그러니까 이스라엘 백성들이 가나안 땅을 소유할 거라는 하나님의 약속은 어느 시기에 이스라엘이 그 땅을 소유할 것이며 확실히 소유해야 한다는 의미에서 절대적이고 무조건적이었다. 그러나 어떤 세대가 그 땅에 들어갈 것인가는 그 세대의 믿음과 적절한 수단을 어떻게 활용하느냐에 달려 있다는 의미에서 조건적이었다.

그러므로 온 세상의 변화에 대한 약속과 그리스도의 통치 아래 교회의 성화는 그러한 일이 언젠가 확실히 일어날 것이라는 의미에서 무조건적이다. 그러나 언제 이러한 일들이 일어날 것인지, 그리고 어떤 세대의 사람들이 이와 같은 축복을 받을 것인지는 필연적으로 각 개인의 믿음에 따라 달라지기에 조건적이다.

히브리서 기자는 이와 같은 원리를 분명히 인식했다. 그렇기에 우리에게 다음과 같은 강력한 믿음의 권고를 할 수 있었다.

"그러면 거기에 들어갈 자들이 남아 있거니와 복음 전함을 먼저 받은 자들은 순종하지 아니함으로 말미암아 들어가지 못하였으므로…. 그런즉 안식할 때가 하나님의 백성에게 남아 있도다. 이미 그의 안식에 들어간 자는 하나님이 자기의 일을 쉬심과 같이 그도 자기의 일을 쉬느니라. 그러므로 우리가 저 안식에 들어가기를 힘쓸지니 이는 누구든지 저 순종하지 아니하는 본에 빠지지 않게 하려 함이라"(히 4:6,9-11).

앞에서 제시한 성경 해석에 관한 규칙을 활용하여, 이번 장에서는 우리가 '온전한 성화'를 이루는 데 꼭 필요한 '하나님의 약속'을 살펴보려고 한다. 곧 우리가 이성적으로 추구하는 목적에 어찌하든 도달해야 한다는 의미에서, 온전하고 영속적인 성화가 이생에서 이룰 수 있는 것인지에 관한 하나님의 약속 말이다.

그러나 먼저 도대체 이 축복이 무엇인지에 관하여 여러분에게 다시 한번 상기시킬 필요가 있는 것 같다. 내가 이해하는 바에 따르면 하나님의 법에 대한 단순한 순종이 바로 오늘날의 성화이며 이를 지속하는 것이야말로 영속적인 성화이다. 그러니까 하나님의 법이 유일한 기준이며 영원한 기준인 것이다. 이 법에서 벗어난 그 무엇도 하나님께 합당할 수 없으며, 우리를 온전한 성화로 이끌 수 없다.

그러므로 우리는 성경에 약속된 하나님의 말씀을, 하나님의 법을 온전히 깨달아야 하고 고찰할 필요가 있다. 물론 여기서 엄청나게 많은 성경의 약속을 일일이 다 살펴볼 수는 없다. 다만 앞으로 살펴볼 하나님의 약속을 통하여 지금까지 우리가 논의한 온전한 성화에 관한 하나님의 약속을 해석하는 원리를 적용해보려는 것이다. 만약 이 약속이 진실인 동시에 그 적용이 정당하다면 단 하나의 약속만을 살펴보더라도 온전한 성화와 관련된 문제를 해결하기에 충분할 것이다. 이것은 당신이 하나님의 다른 약속을 개괄적으로 살펴보는 데서도 같은 원리를 적용할 수 있도록 도와줄 것이다.

약속 1. 하나님의 명령과 규례를 순종하여 지킬 것이다

"이스라엘아 네 하나님 여호와께서 네게 요구하시는 것이 무엇이냐. 곧 네 하나님 여호와를 경외하여 그의 모든 도를 행하고 그를 사랑하며 마음을 다하고 뜻을 다하여 네 하나님 여호와를 섬기고 내가 오늘 네 행복을 위하여 네게 명하는 여호와의 명령과 규례를 지킬 것이 아니냐"(신 10:12-13).

이 말씀을 나는 이렇게 적용하였다.

첫째, 이 말씀은 하나님에 대한 인간의 전체적인 의무를 명확하게 요약하고 있다. 곧 온 마음과 뜻을 다하여 하나님을 경외하고 사랑하고 섬기는 것이다.

둘째, 비록 이 말씀은 이스라엘에게 명령을 내린 것이지만 그것은 모든 사람에게도 역시 진리이다. 그것은 모든 사람을 같이 묶어주고 있으며 하나님이 자기 자신과 관련하여 어떤 사람에게든지 요구하시는 전부이다.

셋째, 이런 하나님의 요구에 순종하는 것이 온전한 성화이다.

약속 2. 온 마음을 다하여 하나님을 사랑하게 할 것이다

"네 하나님 여호와께서 네 마음과 네 자손의 마음에 할례를 베푸사 너로 마음을 다하며 뜻을 다하여 네 하나님 여호와를 사랑하게 하사 너로 생명을 얻게 하실 것이며… 너는 돌아와 다시 여호와의 말씀을 청종하고 내가 오늘 네게 명령하는 그 모든 명령을 행할 것이라"(신 30:6,8).

바로 앞서 인용한 명령과 같은 표현을 사용한 약속이 여기에 또 있다. 이 말씀을 나는 이렇게 적용하였다.

첫째, 이 말씀은 단지 하나님의 법에서 요구하는 것만을 약속한다. 이 말씀은 첫째이자 가장 커다란 계명(마 22:37)에서 어떤 식으로든 요구하는 전부를 약속한다.

둘째, 첫째 계명에 대한 순종은 항상 둘째 계명(마 22:39)에 대한 순종을 의미한다. 우리가 "눈에 보이는 이웃을 사랑하지 않으면서 눈에 보이지 않는 하나님을 사랑하는 것"은 분명히 불가능하다.

셋째, 이 약속은 표현된 그대로 단지 하나님의 법에서 의미하는 것만을 의미하며, 단지 하나님의 법에서 요구하는 것만을 약속하는 것처럼 보인다.

넷째, 만약 이 법이 온전한 성화의 상태를 요구한다면 이것은 온전한 성화에 대한 약속이다.

다섯째, 이 명령은 모든 사람을 보편적으로 묶어주고 있으며 모든 사람에게 보편적으로 적용할 수 있으므로, 그와 마찬가지로 이 약속 역시 그것을 붙잡는 모든 사람에게 보편적으로 적용될 수 있다.

여섯째, 믿음은 성화에 대한 이와 같은 약속의 성취를 위하여 없어서는 안 되는 필수적인 조건이다. 하나님에 대한 확신 없이 우리가 온 마음을 다하여 하나님을 사랑하는 것은 전적으로 불가능하다. 하나님은 사랑으로 말미암아 역사하는 그와 같은 확신을 불어넣기 위하여 그와 같은 방식으로 자기 자신을 계시하는 것 말고는 다른 어떤 방법으로도 인간에게 사랑을 불어넣지 않으신다. 나는 앞장의 약속에 대한 해석을 위한 원리에서 "어떤 명령과 약속이 같은 표현으로 제시된 곳에서, 우리는 두 경우를 모두 같이 해석해야 한다. 다른 해석을 할 수밖에 없는 명백한 이유를 발견하지 못한다면 말이다"라고 설명하였다. 그렇기에 우리는 이 약속에 사용된 표현이 그 명령에 사용된 표현과 상당히 흡사한 의미라고 이해해야 한다. 이 약속은 그러한 요구조건의 전체적인 기초를 놓기 위하여 의도되었던 것으로 보인다.

일곱째, 이 약속에서 사용된 표현이 어떤 명령에서 사용되었다고 가정하거나, 이 약속의 형식이 어떤 명령의 형식으로 바뀌었다고 한번 가정해보라. 여느 다른 곳에서나 마찬가지로 하나님이 "너는 온 마음을 다하고 뜻을 다하여 네 하나님 여호와를 사랑하라"고 말씀하신다고 가정해보라. 도대체 누가 이 말씀에 대해 하나님이 자기 자신에게 온전한 성화나 성별을 요구하도록 의도하신 것을 조금이나마 의심할 수 있겠는가?

여덟째, 온전한 성화에 대한 이와 같은 약속은 이생에서 성취되도록 의도된 것이다. 그 표현과 맥락은 이와 같은 의미이다. "나는 네 마음에 할례를 베풀 것이다. 온 마음을 다하고 뜻을 다하여 네 하나님 여호와를 사랑하는 것, 그와 같은 마음의 씨앗을 뿌려줄 것이다."

아홉째, 교회와 관련하여 언젠가 이와 같은 약속은 절대적이고 확실해질 것이 분명하다. 어느 시기가 되면 하나님은 틀림없이 교회 안에 이와 같은 마음 상태를 허락하실 것이다. 그러나 어느 특정한 개인과 세대에게 이와 같은 약속이 성취될 것인지 아닌지는 그 약속을 신뢰하는 각 사람의 믿음에 달려 있다.

약속 3. 하나님의 법을 네 마음속에 깊이 기록해 두겠다

"여호와의 말씀이니라. 보라, 날이 이르리니 내가 이스라엘 집과 유다 집에 새 언약을 맺으리라. 이 언약은 내가 그들의 조상들의 손을 잡고 애굽 땅에서 인도하여 내던 날에 맺은 것과 같지 아니할 것은 내가 그들의 남편이 되었어도 그들이 내 언약을 깨뜨렸음이라. 여호와의 말씀이니라. 그러나 그날 후에 내가 이스라엘 집과 맺을 언약은 이러하니, 곧 내가 나의 법을 그들의 속에 두며 그들의 마음에 기록하여 나는 그들의 하나님이 되고 그들은 내 백성이 될 것이라. 여호와의 말씀이니라. 그들이 다시는 각기 이웃과 형제를 가리켜 이르기를 너는 여호와를 알라 하지 아니하리니, 이는 작은 자로부터 큰 자까지 다 나를 알기 때문이라. 내가 그들의 악행을 사하고 다시는 그 죄를 기억하지 아니하리라. 여호와의 말씀이니라"(렘 31:31-34).

나는 이 말씀을 이생에서 온전한 성화에 이를 수 있다는 하나님의 약속으로 이렇게 적용하였다.

첫째, 이 약속은 그리스도께서 이 땅에 오심으로 말미암아 기한이 다 찼거나 성취의 때가 다다랐거나 기대할 수 있게 되었다. 이 말씀은 히브리서 8장 8~12절에도 제시되어 있는데, 여기서 이 말씀은 복음 시대에도 역시 적용될 수 있는 것으로 인용되어 있다.

"그들의 잘못을 지적하여 말씀하시되 주께서 이르시되 볼지어다. 날이 이르리니 내가 이스라엘 집과 유다 집과 더불어 새 언약을 맺으리라. 또 주께서 이르시기를 이 언약은 내가 그들의 열조의 손을 잡고 애굽 땅에서 인도하여 내던 날에 그들과 맺은 언약과 같지 아니하도다. 그들은 내 언약 안에 머물러 있지 아니하므로 내가 그들을 돌보지 아니하였노라. 또 주께서 이르시되 그날 후에 내가 이스라엘 집과 맺을 언약은 이것이니 내 법을 그들의 생각에 두고 그들의 마음에 이것을 기록하리라. 나는 그들에게 하나님이 되고 그들은 내게 백성이 되리라. 또 각각 자기 나라 사람과 각각 자기 형제를 가르쳐 이르기를 주를 알라 하지 아니할 것은 그들이 작은 자로부터 큰 자까지 다 나를 앎이라. 내가 그들의 불의를 긍휼히 여기고 그들의 죄를 다시 기억하지 아니하리라 하셨느니라" (히 8:8-12).

둘째, 이 약속은 도저히 부인할 수 없을 정도로 온전한 성화에 주목한다. 그것은 "하나님의 법을 마음속에 기록해두겠다"라는 약속이다. 그것은 그 법에서 요구하는 바로 그 성정과 정신을 우리 영혼에 착실히 진척시키겠다는 뜻이다. 만약 그 법이 온전한 성화나 완벽한 거룩함을 요구한다면 이 말씀은 분명히 그에 대해 약속하는 것이다. 왜냐하면 이 말씀은 그 법에서 요구하는 모든 것을 약속하고 있기 때문이다. 이것을 온전한 성화에 대한 약속이 아니라고 말하는 것은 그 법에 대한 완전한 순종이 온전한 성화가 아니라고 말하는 것과 마찬가지로 어리석은 소리이다. 또한 그 법이 불완전하고 불공평하다고 말하는 것이나 마찬가지다.

셋째, 성화의 영속적인 상태는 이 약속에 분명하게 내포되어 있다. 첫 언약을 파기하신 이유는 그 언약이 깨어졌기 때문이다. "그 사람들이 내 언약을 깨어버렸다." 새 언약의 한 가지 커다란 목적은 그것이 깨어지지 않도록 하는 것이다. 그렇지 않으면 첫 언약보다 더 나을 게 없을 것이기 때문이다.

영속성이란 그것이 우리의 마음속에 새겨지는 것이라는 사실에 내포되어 있다. 영속성이란 하나님이 우리의 죄를 더는 기억하지 않을 것이라는 주장에도 명확하게 내포되어 있다. 본질에서 그와 같은 약속이 되풀이되고 있는 예레미야 32장 39~40절(내가 그들에게 한 마음과 한 길을 주어 자기들과 자기 후손의 복을 위하여 항상 나를 경외하게 하고, 내가 그들에게 복을 주기 위하여 그들을 떠나지 아니하리라 하는 영원한 언약을 그들에게 세우고, 나를 경외함을 그들의 마음에 두어 나를 떠나지 않게 하고)에서, 그 언약은 "영원한" 것이라고 명확하게 선포하고 있다. 그래서 하나님은 "그들의 마음속에 나를 경외하는 마음을 넣어주어서 그들이 나에게서 떠나가지 않게 하겠다"라고 분명히 말씀하고 계신다. 여기서 영속성에 대한 약속이 명확하게 표현되어 있다.

이 약속에서 사용된 표현이 어떤 명령의 형태로 사용되었다고 가정해보라. 하나님이 이렇게 말씀하셨다고 가정해보라. "내 법이 네 마음속에 머물러 있도록 하라. 네 심령 깊숙한 곳에 머물러 있게 하라. 네 마음속에 나를 경외함이 머물러 있도록 하여 네가 나를 떠나지 않도록 하라. 나와 맺은 네 언약이 영원하도록 하라." 만약 이와 같은 표현이 어떤 명령 속에서 발견된다면 자기 나름대로 의식을 가진 사람이라면 그게 온전하고 영속적인 성화를 의미하는 게 아닐까 생각해 보지 않겠는가? 그러한 표현이 어떤 약속 안에서 발견될 때 어떤 명령 속에서 발견되었을 때보다 훨씬 무의미한 표현으로 이해하는 것은 하나님의 말씀을 하찮게 취급하여 모독하는 것이나 마찬가지다.

넷째, 교회와 관련하여 역사적으로 어느 시기에든 이 약속은 조건이 없으며 그 성취는 확실하다. 그러나 교회의 어떤 특정한 개인이나 세대에 관하여 그 성취는 각 사람의 믿음에 따라 반드시 조건적일 수밖에 없다.

다섯째, 그리스도의 몸인 교회는 분명히 이와 같은 새 언약을 단한 번도 제대로 받아본 적이 없었다. 그러나 기독교시대의 모든 세대에 속한 수많은 사람은 분명히 지금까지 새 언약을 계속 받아왔다. 그리고 아무도 자기 형제자매에게 "가장 보잘것없는 자들에서부터 가장 위대한 자들에게 이르기까지 모든 사람이 그분을 알고 있을 것인데, 너도 어서 주님을 알도록 해라"고 말할 필요가 없을 정도로 그 약속이 충분히 성취될 때를 하나님은 촉구하고 계신다.

여섯째, 이 약속은 옛 시대 아래 있던 모든 유대인이 아니라 현재를 살아가는 그리스도인들에게 제시된 것임을 조심스럽게 주목하라.

옛 시대 아래 있던 성도들은 이와 같은 약속이 자신에게 성취되리라고 기대할 만한 아무런 이유가 없었다. 왜냐하면 그런 약속의 성취는 기독교시대가 개막될 때까지 명시적으로 미루어졌기 때문이다.

일곱째, 여기에서는 단지 중생이 약속되어 있을 뿐이라고 말해왔다. 그렇다면 구약시대의 성도들은 중생하지 않았단 말인가? 그러나 구약의 성도들은 그러한 약속을 받지 않았다고 명시적으로 언급되고 있다. 히브리서 11장 13절과 39~40절을 한 번 살펴보라. "이 사람들은 다 믿음을 따라 죽었으며 약속을 받지 못하였으되 그것들을 멀리서 보고 환영하며 또 땅에서는 외국인과 나그네임을 증언하였으니… 이 사람들은 다 믿음으로 말미암아 증거를 받았으나 약속된 것을 받지 못하였으니 이는 하나님이 우리를 위하여 더 좋은 것을 예비하셨은즉, 우리가 아니면 그들로 온전함을 이루지 못하게 하려 하심이라." 여기서 우리는 구약시대의 성도들이 이러한 약속을 받지 못했다는 사실을 깨닫게 된다.

여덟째, 이 약속은 단지 성도들의 궁극적인 구원을 의미하는 것에 지나지 않는다고 말해왔다. 그러나 나는 이렇게 질문하고 싶다. 그렇다면 구약시대의 성도들은 궁극적으로 구원에 이르지 못했단 말인가? 그런데 우리는 조금 전에 구약시대의 성도들은 이러한 약속이 성취되는 것을 보지 못했다는 사실을 살펴보았다. 그렇기에 이것은 구약시대 이후에 이뤄질 하나님의 약속으로 해석해야 한다.

약속 4. 새 영을 주어 너희를 정결하게 할 것이다

"(그때에) 맑은 물을 너희에게 뿌려서 너희로 정결하게 하되, 곧 너희 모든 더러운 것에서와 모든 우상 숭배에서 너희를 정결하게 할 것이며, 또 새 영을 너희 속에 두고 새 마음을 너희에게 주되 너희 육신에서 굳은 마음을 제거하고 부드러운 마음을 줄 것이며, 또 내 영을 너희 속에 두어 너희로 내 율례를 행하게 하리니 너희가 내 규례를 지켜 행할지라. 내가 너희 조상들에게 준 땅에서 너희가 거주하면서 내 백성이 되고 나는 너희 하나님이 되리라"(겔 36:25-28).

이 말씀을 나는 온전한 성화와 관련해서 다음과 같이 적용하였다.

첫째, 이 말씀은 우리가 앞서 살펴본 예레미야서의 구절들로부터 19년이 흐른 뒤에 기록되었다. 그것은 분명히 그와 같은 시대를 언급하고 있으며 그와 같은 축복에 대한 약속이다.

둘째, 이 말씀은 온전한 성화에 대한 약속이라는 사실을 도저히 부인할 수 없을 정도로 매우 분명하다. 여기에 사용된 표현은 상당히 명확하고 포괄적이다. 기한이 다 된 미래의 어느 때를 언급하는 "그때에" "맑은 물을 너희에게 뿌려서 너희로 정결하게" 할 것이다. 첫 번째 약속인 "너희로 정결하게 하리라"는 말씀을 주목하라. 만약 "정결하게" 되는 것이 온전한 성화를 의미하지 않는다면 도대체 과연 그것이 무엇을 의미한단 말인가? 두 번째 약속은 "곧 너희 모든 더러운 것에서와 모든 우상 숭배에서 너희를 정결하게 할 것"이라는 말씀이다. 만약 "모든 더러운 것에서와 모든 우상 숭배에서" 정결하게 되는 것이 온전한 성화의 상태가 아니라면 과연 도대체 그것이 무엇이란 말인가? 세 번째 약속은 "또 새 영을 너희 속에 두고 새 마음을 너희에게 주되 너희 육신에서 굳은 마음을 제거하고 부드러운 마음을 줄 것"이라는 말씀이다. 만약 "딱딱한 돌같이 굳은 마음"과는 대조적으로 "정결한 마음" "새로운 마음" "부드러운 마음"을 갖는 것이 온전한 성화가 아니라면 도대체 그게 무엇이란 말인가? 네 번째 약속은 "또 내 영을 너희 속에 두어 너희로 내 율례를 행하게 하리니 너희가 내 규례를 지켜 행할지라"는 말씀이다. 다섯 번째 약속은 "내가 너희 조상들에게 준 땅에서 너희가 거주하면서 내 백성이 되고 나는 너희 하나님이 되리라"는 말씀이다.

셋째, 이러한 약속에 사용된 표현을 명령에 사용된 표현으로 바꾸어보라. 그리하여 하나님이 다음과 같이 말씀하시는 것으로 이해해보라. "네 자신을 정결한 마음, 새로운 마음, 새로운 영으로 가득 채워라. 네 모든 죄악, 네 모든 더러운 것, 네 모든 우상을 걷어치워라. 내 율례를 따라 행하며, 내 규례를 지키며, 그것들을 행하라." 그렇다면 자기 이성을 분별력 있게 활용하는 사람이라면 이와 같은 명령을 통하여 하나님이 우리에게 온전한 성화의 상태를 요구하신다는 사실을 도대체 어떻게 의심할 수 있겠는가!

합당한 해석의 원리에 따라서 우리는 그에 걸맞게 하나님을 이해해야 한다. "그 약속을 내놓은 주체가 자기 의도를 달성하려고 하거나, 약속을 받는 사람의 필요를 충분히 채우면서 부담은 덜어주려는 관심도 역시 반드시 고려되어야 한다. 그 약속 자체와는 별개로, 그 약속을 내놓은 주체가 약속을 받는 사람과 더불어 그 사람의 필요를 채우면서 부담을 덜어주는 일에 최고의 관심을 보인다는 사실이 만족스럽게 증명된다면 그 주체의 약속은 그에 걸맞게 해석되어야 한다."

만약 이것이 실제로 그렇다면 어떤 약속에서 이와 같은 표현이 발견되었을 때 도대체 무엇이 그에 대한 공평하고 적절한 해석이란 말인가? 하나님이 어떤 명령에서와 마찬가지로 어떤 약속에서도 그와 같은 표현을 사용하신다면 하나님이 그런 약속을 통해 전달하려고 의도하시는 것과 관련하여 나는 절대로 아무 의심 없이 받아들일 것이다.

예를 들어 에스겔서 18장 29~32절 말씀을 살펴보자. "그런데 이스라엘 족속은 이르기를 주의 길이 공평하지 아니하다 하는도다. 이스라엘 족속아, 나의 길이 어찌 공평하지 아니하냐. 너희 길이 공평하지 아니한 것 아니냐. 주 여호와의 말씀이니라. 이스라엘 족속아, 내가 너희 각 사람이 행한 대로 심판할지라. 너희는 돌이켜 회개하고 모든 죄에서 떠날지어다. 그리한즉 그것이 너희에게 죄악의 걸림돌이 되지 아니하리라. 너희는 너희가 범한 모든 죄악을 버리고 마음과 영을 새롭게 할지어다. 이스라엘 족속아, 너희가 어찌하여 죽고자 하느냐. 주 여호와의 말씀이니라. 죽을 자가 죽는 것도 내가 기뻐하지 아니하노니, 너희는 스스로 돌이키고 살지니라." 지금 우리가 적용해보려는 약속에 사용된 표현이 이 명령에 사용된 표현만큼 많은 의미를 담고 있다는 사실은 모든 해석 원리에서 주장하는 것이다. 그런데 하나님이 자기 백성들에게 모든 죄악을 내던져버리라고 요구하셨을 때 단지 그 백성이 모든 죄악 가운데 일부만을 내던져버리라는 뜻으로 말씀하신 것이라고, 도대체 누가 감히 상상이라도 하겠는가?

넷째, 이 약속은 교회와 관련되어 있으며 어느 과거의 교회시대 중에 이에 합당한 의미에 따라서 이 약속이 성취된 적이 있는 것으로 결코 여길 수는 없다.

다섯째, 역사적으로 미래의 어느 시대에 있는 교회를 생각해 볼 때 이 약속은 확실히 성취될 것이라는 의미에서 그것은 절대적이다.

여섯째, 이 약속은 분명히 옛 시대 아래 있던 유대인들보다는 새 시대 아래 있는 그리스도인들에게 의도되었다. 정결한 물을 뿌리고 성령을 부어주신다는 것은, 이 약속이 기독교시대에 더욱 확실하게 속해 있다는 사실을 분명히 가리킨다. 이 약속은 예레미야서 31장 31~34절, 요엘서 2장 28절(그 후에 내가 내 영을 만민에게 부어 주리니 너희 자녀들이 장래 일을 말할 것이며 너희 늙은이는 꿈을 꾸며 너희 젊은이는 이상을 볼 것이며)을 비롯한 다른 많은 구절과 같은 부류의 약속에 속해 있다는 사실을 부인할 수 없다.

이러한 약속은 분명히 기한이 다 차는 기쁜 소식의 날을 기대하고 있다. 이러한 약속은 한 번도 그 영역과 의미 안에서 충분히 성취된 적이 없었으므로 그 완전한 성취는 그리스도의 몸인 교회를 통하여 실현되기 위해 여전히 남아 있다. 그리고 이 약속을 자기 자신의 것으로 이해하고 믿으면서 순종하고 적절히 활용하는 그러한 개인과 세대들이 그 축복을 손에 넣게 될 것이다.

약속 5. 하나님이 이루실 것을 명시적으로 약속하셨다

"평강의 하나님이 친히 너희를 온전히 거룩하게 하시고 또 너희의 온 영과 혼과 몸이 우리 주 예수 그리스도께서 강림하실 때에 흠 없게 보전되기를 원하노라. 너희를 부르시는 이는 미쁘시니 그가 또한 이루시리라"(살전 5:23-24).

이 말씀을 나는 이렇게 적용하였다.

첫째, 성경어휘사전에 따르면 여기에 사용된 표현은 완전한 성화 또는 온전한 성화를 표현하는 가장 강력한 형태라는 것이다.

둘째, 이것은 온전한 성화를 위한 기도이며 온전한 성화에 대한 약속임이 분명하다.

셋째, 바로 이와 같은 표현은 이런 기도와 약속이 이생과 관련되어 있음을 보여준다. 왜냐하면 그것이 우리 영뿐만 아니라 우리 몸의 성화를 위한 기도와 약속이기 때문이다. 또한 그 이후가 아니라 예수 그리스도의 오심으로 말미암아 그것들이 보존될 수 있다는 사실을 보여준다.

넷째, 이것은 하나님이 그렇게 하시겠다는 명시적인 약속과 어우러진 영감의 기도이다.

다섯째, 본질상 이 말씀의 성취는 우리 믿음에 달려 있다. 왜냐하면 믿음 없는 성화는 당연히 불가능하기 때문이다.

여섯째, 지금까지 이미 앞에서 살펴본 것들과 함께, 만약 이 약속을 정직하게 해석하는데도 이생에서 온전한 성화를 얻을 수 있는지에 관한 문제를 충분히 해결하지 못한다면 어떤 것도 성경 말씀에 적용해서 온전히 해결할 수 없을 것이다.

내가 지금까지 언급한 것과 같은 정도로 의미심장한 중요성을 지닌 하나님의 약속은 상당히 많다. 그리고 앞서 말한 해석 원리에 비추어 그런 약속들을 차근히 살펴본다면 성화가 성경의 가르침(교리)임을 보여주는 엄청난 증거들이 드러날 것이다. 다시 한번 부탁하건대 앞서 소개한 명백하고 자명한 원리에 비추어 하나님의 약속들을 자세히 살펴보기 바란다. 그러면 당신은 분명히 온전한 성화에 관한 흔들림 없는 확신을 하게 될 것이다.

평강의 하나님이 친히 너희를 온전히 거룩하게 하시고 또 너희의 온 영과 혼과 몸이 우리 주 예수 그리스도께서 강림하실 때에 흠 없게 보전되기를 원하노라. 너희를 부르시는 이는 미쁘시니 그가 또한 이루시리라.

_ 데살로니가전서 5:23-24

■ 나의 신앙 고백 1

이 책을 읽고 가장 은혜가 되었던 것은 무엇이며, 나의 신앙생활에 도전이
되었던 점은 무엇입니까? 나의 신앙 고백을 적어보세요.

....

....

....

....

....

....

....

이 책을 읽고 가장 은혜가 되었던 것은 무엇이며, 나의 신앙생활에 도전이
되었던 점은 무엇입니까? 나의 신앙 고백을 적어보세요.

....

....

....

....

....

....

....

■ 나의 신앙 고백 3

이 책을 읽고 가장 은혜가 되었던 것은 무엇이며, 나의 신앙생활에 도전이
되었던 점은 무엇입니까? 나의 신앙 고백을 적어보세요.

....

....

....

....

....

....

....